古典文獻研究輯刊

十四編

潘美月・杜潔祥 主編

第 2 冊

《白虎通》研究
——《白虎通》暨《漢禮》考（上）

周德良 著

國家圖書館出版品預行編目資料

《白虎通》研究——《白虎通》暨《漢禮》考（上）／周德良
著—初版—台北縣永和市：花木蘭文化出版社，2012〔民
101〕
目 2+160 面；19×26 公分
（古典文獻研究輯刊 十四編；第 2 冊）
ISBN：978-986-254-835-6（精裝）
1. 經學　2. 研究考訂
011.08　　　　　　　　　　　　　　　　101002969

ISBN-978-986-254-835-6

9 789862 548356

古典文獻研究輯刊
十四編　第二冊　　　　　　ISBN：978-986-254-835-6

《白虎通》研究——《白虎通》暨《漢禮》考（上）

作　　者　周德良
主　　編　潘美月　杜潔祥
總 編 輯　杜潔祥
企劃出版　北京大學文化資源研究中心
出　　版　花木蘭文化出版社
發 行 所　花木蘭文化出版社
發 行 人　高小娟
聯絡地址　新北市永和區中正路五九五號七樓
　　　　　電話：02-2923-1455／傳真：02-2923-1452
網　　址　http://www.huamulan.tw 信箱 sut81518@gmail.com
印　　刷　普羅文化出版廣告事業
初　　版　2012 年 3 月
定　　價　十四編 20 冊（精裝）新台幣 31,000 元　　版權所有·請勿翻印

《白虎通》研究——
《白虎通》暨《漢禮》考（上）

周德良　著

作者簡介

周德良，臺灣・基隆市人。

國立中央大學中國文學博士。

曾任職：淡江大學、中央大學兼任講師。

現任職：淡江大學中文系專任助理教授。

專書著作：《荀子思想理論與實踐》（臺灣學生書局，2011年），《《白虎通》讖緯思想之歷史研究》（花木蘭文化出版社，2008年），《白虎通暨漢禮研究》（臺灣學生書局，2007年）。

2005年執行行政院國家科學委員會補助專題研究計畫案，計畫名稱：「東漢白虎觀會議緣起與重塑——兼論白虎觀會議與《白虎通》之關係；2007年計畫名稱：「從「心」論荀子理論思想及其儒學性格」。

提　　要

東漢建初四年章帝詔太常以下及諸儒會於白虎觀，講議《五經》同異，帝親稱制臨決，會議結論作成「白虎議奏」，史稱「白虎通」。《白虎通》自元大德九年刊行以來，一直是研究東漢思想，特別是經學、讖緯學、禮樂文化，甚至是政治制度之重要文獻。

本篇論文題目：「《白虎通》研究」，乃是以《白虎通》為研究對象，透過還原文本，詮釋文本，闡釋《白虎通》所蘊含之思想與義理。依《白虎通》各篇之內容性質，可概分成三大類：其一，是總論禮之含義、作用與原理；其二，是論行禮之過程內容，應對進退之儀式，與各別具體行禮之內涵意義；其三，是禮所規範下之人倫秩序，與國體組織章程與運作之政治制度。《白虎通》乃是「正名」當時之名物度數，所論不離政治制度與人倫秩序，全書集「三禮」之所長，深具組織結構。

《白虎通》承襲傳統陰陽五行與天人感應之思維，以陰陽五行分判天地萬之生成流變，並提供天人感應之媒介；而天人感應學說以符命鞏固政權之正當性，並以禨祥災異使臣下有以制約君權之憑藉。更重要者，《白虎通》將陰陽五行與天人感應之觀念導入禮學之中，提供制禮之理論基礎，使《白虎通》成為一部理論與實踐結合、且最具時代意義之典籍。

論文副標題：「《白虎通》暨《漢禮》考」，其中，「《白虎通》」係指元大德本所傳之文本，而「《漢禮》」，則指東漢章帝敕曹褒集作之書。言「暨」，實質有二義：其一，與也，分別考證《白虎通》與《漢禮》兩書；其二，即也，考證《白虎通》與《漢禮》兩書是否為一？由《白虎通》文本分析，其成書之體例與全書之性質，呈現恢宏企圖與組織架構，實是一部具體而微之禮制法典；相較於史書所描述之白虎觀會議資料，兩者存在若干矛盾。本文推測《白虎通》並非白虎觀會議之資料彙編，而是曹褒所制之《漢禮》；意即，後人將《漢禮》「張冠李戴」以為「白虎通」，至蔡邕獲賜「白虎議奏」，《白虎通》文本遂以「白虎通」之名而流傳於世，從此困惑中國學術七百年矣！

目

次

第壹章 導 論

第一節 研究動機

　　對既有之文獻做學術研究，乃是對現有之歷史資料做合理之說明，並且提供詮釋系統，成為一種歷史研究之學術理論；因此，論述史料範圍之多寡與援引史料之眞偽，乃成為判斷學術理論價值重要因素之一。考證之工作，首重在取得可靠之證據，證據愈充分，考證之結果愈可信；反之，證據愈薄弱，考證之結果愈不可信。考證史料之工作，在學術研究之過程中，固然不是終極目的，卻是提供理論者所需之基礎材料，且是論證一項學術理論是否有效之客觀依據。因此，考證之結果必然影響學術理論之發展，舉凡古史、目錄、思想、文藝思潮及學術演變等，〔註1〕每一項考證工作之完成，代表既有之相關學術理論得服膺考證之結果而有所調整，輕者修改理論部份內容，嚴重者能推翻既有之陳說。清人姚際恆（1647～？）言：「學者于此眞偽莫辨而尙可謂之讀書乎？是必取而明辨之，此讀書第一義也。」〔註2〕即是說明考證工作在學術研究領域中之重要性。

〔註1〕　鄭良樹《古籍辨偽學》言：「我們承認，古籍的眞偽可以影響到古史，……古史辨偽研究的範圍是歷史，古籍辨偽研究的卻是古籍的作者及古籍的本身，而其價值及影響，更不局限於古史眞偽而已，舉凡目錄、思想、文藝思潮及學術演變等等，都莫不受古籍眞偽的牽連。」（臺北：臺灣學生書局，1986年8月），頁21。

〔註2〕　〔清〕姚際恆：《古今偽書考》（北京：中華書局據《知不足齋叢書》本排印，1985年），頁1。

陳立（1809～1869）疏證《白虎通》時，感歎有四難：〔註3〕

> 蓋以石渠典佚，天祿圖湮，汝南存異義之名，中郎蝕熹平之舊，董、曹兵燹，劉、石憑陵，南國清談，欽崇元妙，北郊戎馬，滅絕典墳。重以妄生異義，橫裂聖經，高才者蕉萃雌黃，末學者蜿求青紫，而欲溯微文于既汨，尋佚論于久湮，紹彼先民，暢茲墜緒，其難一也。

《白虎通》文本因年代久遠且戰禍不斷，遂使其原來樣貌逐漸模糊；復以學者對《白虎通》之詮釋分歧，皆難得《白虎通》立論初衷，致使其原本樣貌湮沒不見。如今欲從久湮既汨之文本中，尋求當時之微文佚論，恢宏《白虎通》之原創精神，此其難之一。

> 至若緯著七篇，讖傳百首，《鑿度》、《運樞》之說，《推災》、《考燿》之文，敘郊邱則旁徹《禮經》，論始際則隱符風、雅，辨殷周文質，而《春秋》義昭，剖卦象盈虛，而《易》爻指晰，雖雜以占候，未底于醇，而徵諸遺經，間合乎契。故皆以讖斷禮，以緯儷經，內學之稱，諒非徒爾。迄乎莊、老橫流，康壼自寶，僭偽謬託，贋鼎雜陳，遂禁絕于天監之年，燔滅于開皇之世，華容著錄，片羽僅存，候官集遺，塵珠略見，而欲旁搜星緯，遠索芭符，求鄭、宋之絕學，述曹、史之元經，其難二也。

讖緯具有斷禮、儷經之學術價值，故有「內學」之稱，但至梁天監年間以後，遂遭禁絕、焚燬，如今讖緯盛況不再，僅存隻字片語散落異處。《白虎通》除引述經書之外，尚雜以讖記之文，經書緯文交錯，使《白虎通》之解讀益加困難，此其難之二。

> 昔班氏之入此觀也，習《魯詩》者首重魯恭，肄歐陽者并崇桓郁，景伯則專精古義，丁鴻則兼習今經，共述師承，咸資採析。今則淳于之奏，莫考舊聞，臨制之章，無由資溯，師守之源流莫睹，專門之姓氏誰尋，而欲綜《七略》之遺文，匯百家之異旨，津逮殊迷，淵源何自？其難三也。

《白虎通》雖詳載白虎觀會議結果，但卻疏漏淳于之奏，及帝親稱制臨之章，甚至無由考辨發言人之姓氏。因此，如何在不具名之文句中，分析各家不同學

〔註3〕〔清〕陳立：《白虎通疏證》（臺北：廣文書局據光緒元年春淮南書局刊影印，1987年5月），頁1～2。

說，並由各家學說追溯其源流何自，乃成爲一項嚴格考驗，此其難之三。

> 況其舊入祕書，久同佚典，毛公古義，莫遇司農，楊子元文，誰爲
> 沛國，是以魯魚互錯，亥豕交差，同《酒誥》之俄空，若《冬官》
> 之闕略。雖餘姚校正，略可成書，武進補遺，差堪縷述，然亦終非
> 全璧，祇錄羽琰，而欲披精論于殘編，捃微旨于墜簡，其難四也。

《白虎通》入祕書既久，形同亡佚，雖經後人校補，終非原本面目。如何在此一墜簡殘編之中，闡發《白虎通》精義，更是一大難題，此其難之四。《白虎通》所以複雜難解，實有以致之。

《中國大百科全書·中國歷史》「白虎觀會議」（Balhuguan Hulyl）條釋之：

> 東漢章帝時召開的一次討論儒家經典的學術會議。東漢初年，經今古文學的門户之見日益加深，各派内部因師承不同，對儒家經典的解說不一，章句歧異。漢光武帝劉秀于中元元年（公元 56），"宣布圖讖于天下"，把讖緯之學正式確立爲官方的統治思想。爲了鞏固儒家思想的統治地位，使儒學與讖緯之學進一步結合起來，章帝建初四年（公元 79），依議郎楊終奏議，仿西漢石渠閣會議的辦法，召集各地著名儒生于洛陽白虎觀，討論五經異同，這就是歷史上有名的白虎觀會議。這次會議由章帝親自主持，參加者有魏應、淳于恭、賈逵、班固、楊終等。會議由五官中郎將魏應秉承皇帝旨意發問，侍中淳于恭代表諸儒作答，章帝親自裁決。這樣考詳同異，連月始罷。此后，班固將討論結果纂輯成《白虎通德論》，又稱《白虎通義》，作爲官方欽定的經典刊布于世。這次會議肯定了"三綱六紀"，并將"君爲臣綱"列爲三綱之首，使封建綱常倫理系統化、絕對化，同時還把當時流行的讖緯迷信與儒家經典糅合爲一，使儒家思想進一步神學化。〔註4〕

此條釋文描述白虎觀會議之由來，與《白虎通》一書之内容，大致吻合史書對白虎觀會議之記載，與現存之《白虎通》文本所反映之内容，此條釋文亦可視爲目前學界對白虎觀會議與《白虎通》文本之共識。史書記載，東漢建初四年（79）章帝下詔集合當時學術菁英會於白虎觀，講議《五經》同異，

〔註 4〕中國大百科全書總編輯委員會：《中國大百科全書》（上海：中國大百科全書出版社，1992 年 3 月），頁 17。

班固（32～92）將討論結果纂輯成《白虎通德論》一書，又稱《白虎通義》、《白虎通》，會議由天子下詔而開，並親稱制臨決，是當時學術界一大盛事。《四庫全書・總目》評論《白虎通》曰：

> 書中徵引六經傳記，而外涉及緯讖，乃東漢習尚使然。又有〈王度記〉、〈三正記〉、〈別名記〉、〈親屬記〉，則《禮》之逸篇。方漢時崇尚經學，咸兢兢守其師承，古義舊聞，多存乎是，洵治經者所宜從事也。〔註5〕

因此，《白虎通》一直是研究東漢思想，特別是經學、讖緯學、禮樂制度，甚至是訓詁學重要之文獻。

筆者於撰寫碩士論文期間，〔註6〕時而發見《白虎通》文本內容與相關史料之論述存在若干差異，雖有不安，但終未深入探討以求真象。本篇論文，最初計畫延續研究《白虎通》，在撰寫過程中，環繞於《白虎通》文本之諸多疑點，益發明顯。諸如：書名問題，或曰《白虎通》、《白虎通義》、《白虎通德論》，名稱不同；作者問題，或不載撰者，或稱章帝，或謂班固，未有定論；篇數問題，或稱六卷、十卷、十二卷、四卷，亦未有定數；以下試舉史書及藏書目錄記載之「白虎通」，表列比較其異同：

〔註5〕〔清〕紀昀等總纂：《四庫全書・總目》（臺北：藝文印書館，1989年1月），頁2355～2356。

〔註6〕周德良：《《白虎通》讖緯思想之歷史研究》（臺北：淡江大學中國文學系碩士論文，1997年1月）。

書　籍	類　別	名　稱	卷、篇數	作　者
《隋書》	卷三十二〈經籍志・五經總義〉	《白虎通》	六卷	
《舊唐書》	卷四十六〈經籍志・七經雜解〉	《白虎通》	六卷	漢章帝撰
《新唐書》	卷五十七〈藝文志・經解〉	《白虎通義》	六卷	班固等
《崇文總目》	卷一〈論語類〉	《白虎通德論》	十卷，四十篇	班固撰
《通志》	卷六十三〈藝文略〉	《白虎通》	六卷，十四篇	班固
《玉海》	〈中興書目〉	《白虎通》	十卷，四十篇	
《郡齋讀書志》	卷四〈經解〉	《白虎通德論》	十卷	班固奉詔纂
《直齋書錄解題》	卷三〈經解〉	《白虎通》	十卷，四十四門	班固撰
《宋史》	卷二百二〈藝文志・經解〉	《白虎通》	十卷	班固
《山堂群書》		《白虎通》		
《文獻通考》		《白虎通德論》	十卷	
《清史稿》	〈藝文志〉	《白虎通》	十二卷	
《四庫全書總目》	卷一百十八〈子部・雜家類〉	《白虎通義》	四卷，四十四篇	班固撰
《四部叢刊》		《白虎通德論》		
《續補漢書藝文志》	〈經部・經解〉	《白虎通德論》		
《五十萬卷樓藏書目錄初編》	卷十一〈子部三〉	《白虎通德論》	十卷	臣班固纂集

「白虎通」既是如此重要，但是最基本之名義卻是如此紛歧。試就梁啓超（1873～1929）所舉鑑別偽書之法，其中：「一、其書前代從未著錄或絕無人徵引而忽然出現者，什有九皆偽」，「二、其書雖前代有著錄，然久經散佚，乃忽有一異本突出，篇數及內容等與舊本完全不同者什有九皆偽」，「三、其書不問有無舊本，但今本來歷不明者，即不可輕信」，「四、其書流傳之緒，從他方面可以考見，而因以證明今本題某人舊撰爲不確者」，「八、書中所言確與事實相反者，則其書必偽」，〔註7〕以此五條鑑別偽書之法檢證《白虎

〔註7〕梁啓超舉鑑別偽書有十二例，除上述五條外，尚有「五、真書原本，經前人稱引，確有左證，而今本與之歧異者，則今本必偽」，「六、其書題某人撰，而書中所載事蹟在本人後者，則其書或全偽或一部分偽」，「七、其書雖真，

通》，似可懷疑《白虎通》文本諸多矛盾之處。《白虎通》文本來歷不明，且
依其文本及內容性質，對照於史書之記載，兩者存在若干矛盾，甚至當時如
許慎、馬融、鄭玄等大儒皆不曾舉引此書，凡此諸多疑點，無不啓人疑竇，
亦不容小覷。基於對《白虎通》文本之理解，與面對《白虎通》文本之諸問
題，欲闡釋《白虎通》思想精義，與探究《白虎通》文本之問題，兩項議題
一樣重要。因此，爲兼顧撰寫論文之初衷與探索《白虎通》文本問題，採以
闡釋《白虎通》思想義理爲主，以考證工作爲輔，以期達到由義理證成考證，
考證支援義理之目的。

第二節　研究目的與方法

　　本篇論文題目：「《白虎通》研究」，即是以《白虎通》爲研究對象，透過
還原文本，詮釋文本，以闡釋《白虎通》所蘊含之思想與義理。其次，論文
副標題：「《白虎通》暨《漢禮》考」，其中「《白虎通》」，係指現存流傳最廣
之元大德本所傳之文本，而「《漢禮》」，則指東漢章帝敕曹褒集作之書。稱
「暨」，實質有二義：其一，與也，分別考證《白虎通》與《漢禮》兩書；其
二，即也，考證《白虎通》與《漢禮》兩書是否因遭後人「誤會」，〔註8〕遂
冠以「白虎通」之名於《漢禮》文本之可能性。因此，爲保留此一可能性，
並避免論述過程產生同名之累，且爲論述之方便，本文以下以「《白虎通》」
稱現存之文本，以「『白虎通』」表示史書與傳說中白虎觀會議之任何形式資
料。

　　然一部分經後人竄亂之蹟既確鑿有據，則對於其書之全體須愼加鑑別」、「九、
　　兩書同載一事絕對矛盾，則必有一僞或兩俱僞」、「十、各時代之文體，蓋有
　　天然界畫，多讀書者自能知之，故後人僞作之書，有不必從字句求枝葉之反
　　證，但一望文體即能斷其僞者」、「十一、各時代之社會狀態，吾儕據各方面
　　之資料，總可以推見崖略，若某書中所言其時代之狀態，與情理相去懸絕者，
　　即可斷爲僞」、「十二、各時代之思想，其進化階段，自有一定，若某書中所
　　表現之思想與其時代不相銜接者，即可斷爲僞」，《中國歷史研究法》（臺北：
　　臺灣中華書局，1985 年 4 月），頁 85～88。
〔註 8〕顧頡剛於〈古今僞書考・跋〉一文中，取章實齋之言，分僞書爲七類：一曰
　　『師說』、二曰『後記』、三曰『挾持』、四曰『假重』、五曰『好事』、六曰『攘
　　奪』、七曰『誤會』。所謂『誤會』，係指「本非僞書，後人迷不能辨，遂沿傳
　　爲僞作。舉凡姚君所謂有後人妄託其人之名者，有兩人共此一書名，今傳者
　　不知爲何人作者，有未足定其著書之人者，皆是也。」收錄在《古史辨》（臺
　　北：藍燈文化事業，1993 年 8 月）第一冊，頁 7～12。

目的既定，研究方法隨之而起。本文之目的，乃是以闡釋《白虎通》文本之思想義理爲主，考證工作爲輔，然而，考證之結果能引導詮釋之角度，詮釋之角度亦可以影響考證之結果；換言之，考證與義理詮釋兩者互爲因果，若試圖以義理證成考證，考證支援義理，易流於邏輯之循環論證之中。唐君毅（1909～1978）就學術之分際言：「我們當說，此中各種學術之分際，初只由人自身之看對象事物之觀點與態度之不同而來。此中之分際，初只是此諸態度觀點間之原有其分際，而不必是因其所涉及之對象事物，原可互不相涵攝，而先自身有其截然的分際。」〔註9〕因此，義理與考證雖各有其獨立性，但是兩者之界域並非森嚴，無論是外緣資料之歷史考證，或是文本形式之詮釋批評，兩者必然交互映襯。若獨立義理或考證之研究領域，或許可以純化研究範圍，避免論證之干擾；但是，面對歷史文獻如《白虎通》，若能從義理證成考證，考證支援義理，豈不兩全其美！

基於本文之目的，同時爲避免有「先入爲主」觀念之譏，故本文之論述程序如下：首先，介紹《白虎通》文本之版本，以釐定研究對象，進而分析文本之篇卷、著述體例、篇章結構與引述典籍，以確立文本之基本結構。其次，由歷史溯源推論白虎觀會議之緣起，及與會學者之學術背景，推測會後可能產生之會議資料，即「白虎通」之成書性質，並以《白虎通》內容對照「白虎通」之可能成書性質，比較兩者之同異。再者，以《白虎通》內容爲主，參酌東漢以前之陰陽五行與天人感應學說，分析文本可能蘊含之思想義理，以此建構《白虎通》之思想理論。其後，以文本之思想理論爲基礎，全面分析《白虎通》之內容，以期達到有效詮釋《白虎通》之目的。請容在此稍做說明，《白虎通》乃是以闡發當時之「名物度數」爲宗旨，深具「法典」、「國憲」之性質，《白虎通》之基調既定，輔以漢代禮制思想與流行之「三禮」學說，印證《白虎通》做爲禮樂制度之書之可能性，並以此建構《白虎通》之禮制思想，以呼應當前學者對《白虎通》文本之判斷。其後，再論白虎觀會議乃是傚效西漢石渠閣會議而成，故由石渠閣會議之緣起，與輯石渠佚文並分析其體例，比較《白虎通》與石渠佚文兩者之同異，說明《白虎通》與石渠佚文並無承襲關係。論文最後，由確立《白虎通》具有禮制「國憲」之性質，繼之由漢代禮制之沿革，探索漢代禮制與《禮》學，推論東漢章帝改

〔註9〕唐君毅：《中華人文與當今世界》（臺北：臺灣學生書局，1988 年 11 月全集初版），《唐君毅全集》，卷七，頁 197。

定禮制過程中，敕命曹褒撰述《漢禮》之意；以史料中所論述之《漢禮》對照《白虎通》，比較兩者在篇目結構與內容性質之若合符節。本文篇末以蔡邕與《白虎通》之關係提供一則線索，追究曹褒之《漢禮》被誤植爲《白虎通》之可能性，以此作爲結論。

第三節　研究材料之範圍

　　本文研究之目的，既在闡釋《白虎通》思想義理，兼具明辨《白虎通》之身分。方法既定，則主要運用材料可分四部分：其一，《白虎通》文本，此部分以《抱經堂叢書》校刊之《白虎通》、〔註10〕（以下稱抱經本）淮南書局刊陳立撰之《白虎通疏證》、（以下稱陳立本）與吳則虞點校之《白虎通疏證》，〔註11〕（以下稱中華本）三本爲主要研究材料。其二，古籍部分，此部分又分經、史二部，經書部分以藝文印書館《十三經注疏》爲主，史書部分以中華書局《史記》、《漢書》、《後漢書》、《三國志》、《晉書》、《宋書》、《魏書》、《隋書》爲主，以《漢書補注》、《東觀漢紀》、《後漢紀》等爲輔。其三，前人研究《白虎通》之成果，此部分乃以元大德本《白虎通》問世以來，有關《白虎通》之論述，此部分概可分成專書、單篇期刊論文與書中部分篇章，凡所涉及白虎觀會議及《白虎通》等相關論述，皆在此列。其四，有關《白虎通》之思想義理部分，可分爲漢代思想與禮學兩部分，前者又可分陰陽五行與天人感應學說，與漢代經學發展；禮學部分以「三禮」爲中心，並擴及漢代禮制發展過程，由於此部分爲數頗多，並散落以下各章節所引資料之中，不再贅述。（參閱書末「徵引與參考資料」）

〔註10〕　〔漢〕班固等撰：《白虎通》（臺北：藝文印書館，1969 年《百部叢書集成》據《抱經堂叢書》本影印）。此本校刊最精，且有莊述祖〈白虎通義攷〉、〈白虎通闕文〉及盧文弨之校勘補遺。

〔註11〕　〔清〕陳立撰・吳則虞點校：《白虎通疏證》（北京：中華書局，1994 年 8月）。本書書末附錄：〈今本四十四篇闕文〉（盧文弨）、〈白虎通義攷〉（莊述祖）、〈白虎通義斠補〉、〈白虎通義闕文補訂〉、〈白虎通義佚文考〉、〈白虎通義定本〉、〈白虎通義源流考〉、〈白虎通德論補釋〉（劉師培）等八文，頗利考證與索引。

第貳章　《白虎通》文本之形式結構

　　本章論述之範圍，主要在解析《白虎通》文本之形式，首先探討《白虎通》之版本來源與現存之書目，其次臚列文本之卷、篇與章節細目之數量與名稱，其次分析構成《白虎通》全文之體例結構，並歸納其凡例，最後統計《白虎通》全書引述典籍之種類與次數。本章之目的，旨在確立研究對象，提供本篇論文做為闡釋《白虎通》之思想體系與考證其身分問題雙重目的之立論根據。

第一節　版本概況

　　關於《白虎通》一書重現於世，張楷如此描述：

> 《白虎通》之爲書其來尚矣。……平生欲見其完書，未之得也。余
> 分水監歷常之無錫，有郡之耆儒李顯翁晦識余於官舍，翌日攜是帙
> 來且云：州守劉公家藏書舊本，公名世常字平父，迺大元開國之初
> 行省，公之子魯齋許左轄之高弟收書不啻萬卷，其經史子集士夫之
> 家亦或互有，惟此帙世所罕見，郡之博士與二三子請歸之於學，將
> 鏤板以廣其傳，守慨然許之。今募匠矣，求余識於卷首，余謂：是
> 書韜晦於世何止數百歲而已，……。〔註1〕

嚴度亦言：

> 余嘗持節七閩如建安書市，號爲群籍所萃，訪求無有也。今錫學得
> 劉守平父家藏《白虎通》善本，繡梓以廣其傳，是亦明經之一助，

〔註1〕抱經本《白虎通》，「白虎通序」，頁1。

—9—

豈小補哉。〔註2〕

《白虎通》韜晦於世何止數百歲，元代之前甚爲罕見。李顯翁持劉平父家所藏是書善本見張楷，東平郡守並允然以此書鏤板重印，以廣流傳，時在元大德九年四月（1305），此即所謂「元大德本」。目前所見《白虎通》之版本，如明、清以後所刻之《抱經堂叢書》、《漢魏叢書》、《兩京遺編》、《古今逸史》、《秘書二十一種》等均有此書，亦大多沿襲元大德本。但劉平父家所藏之善本《白虎通》成於何時？目前未可確知。

盧文弨（1717～1795）校刻《白虎通》時言：

> 案：古書不宜輕改，此論極是。……特初就何允中《漢魏叢書》本校訂付雕，於其語句通順者，不復致疑。後得小字宋本，元大德本參校，始知何本閒有更改之處，因亟加刊修以還舊觀，書內不能改者，具著其說於補遺中。〔註3〕

> （《白虎通》）元明以來，訛謬之相沿者，幾十去八九焉。梓將畢工，海寧吳槎客又示余小字舊刻本，其〈情性〉篇足以正後人竄改之失，蓋南宋以前本也，與其餘異同，皆於補遺中具之。此書流傳年久，閒有不可知者闕之，然要亦無幾矣。〔註4〕

盧文弨所校刻之《白虎通》，乃就何允中之《漢魏叢書》本校訂，流行至廣。然於付雕之際，始見南宋以前小字舊刻本，但因其所校刻本即將付梓，遂捨棄小字宋本，其校刻仍依《漢魏叢書》元大德本之重印本。而其所刻之版本與小字宋本相參校，間有更改者，具著其說於「補遺」之中，此即《抱經堂叢書》所收之《白虎通》。

盧文弨儷校《白虎通》所据新舊本有五：〔註5〕

一，明遼陽傅鑰本。（字希準，嘉靖元年刻於太平，有冷宗文序，依元大德九年無錫所梓本，止分上下兩卷，其元刻未得見。）

二，明新安吳琯本。

三，明新安程榮本。

四，明武林何允中本。（四卷，今本多就此本訂正。）

〔註2〕抱經本《白虎通》，「白虎通序」，頁1～2。
〔註3〕抱經本《白虎通》，「元大德本跋後」，頁1。
〔註4〕抱經本《白虎通》，「校刻白虎通序」，頁1。
〔註5〕抱經本《白虎通》，「白虎通儷所据新舊本并校人姓名」，頁1。

　　五，明錢塘胡文煥本。

其中，傅本乃「依元大德九年無錫所梓本，止分上下兩卷」，何本「四卷，今本多就此本訂正」。換言之，盧文弨校刻《白虎通》之時，乃是依明代之五種版本，並「据莊校本覆校並集眾家」而成。

　　北平燕京大學圖書館《白虎通引得》，所收《白虎通》之傳本有十七本：〔註6〕

　　　一，四部叢刊本十卷。

　　　二，隨盦徐氏叢書本十卷。

　　　三，明俞元符校吳氏刊單行本二卷。

　　　四，明楊祐校兩京遺編本二卷。

　　　五，四庫鈔本二卷。

　　　六，三餘堂袖珍漢魏叢書本二卷。

　　　七，汪士漢校秘書二十一種本二卷。

　　　八，明吳琯校古今逸史本二卷。

　　　九，明胡文煥校本二卷。

　　　十，涵芬樓影印漢魏叢書本二卷。

　　　十一，王模增訂（趙宜崙校）漢魏叢書本四卷。

　　　十二，廣漢魏叢書本四卷。

　　　十三，明郎璧刊單行本四卷。

　　　十四，崇文子書百家本四卷。

　　　十五，掃葉石印百子全書本四卷。

　　　十六，育文石印漢魏叢書本四卷。

　　　十七，黃元壽石印小字漢魏叢書本四卷。

以上十七本，「多出元大德重印宋監本」。〔註7〕此外，國家圖書館善本書目中，存有明嘉靖元年遼陽傅鑰本二卷，明新安程榮刊《漢魏叢書》本二卷，明天啟六年郎璧刊本四卷，清道光二十一年張氏書種軒傳鈔元大德本十卷等。

〔註6〕《白虎通引得》：燕京大學圖書館引得編纂處編（北平：燕京大學圖書館引得編纂處，1931年），頁11。

〔註7〕洪業：〈白虎通引得序〉，收在《白虎通引得》前，頁10。

第二節　卷數與篇數及其名稱

依抱經本《白虎通》之「白虎通目錄」計有：

第一卷：

1. 〈爵〉：天子爲爵稱／制爵三等五等之義／內爵／天子諸侯爵稱之異／
   王者太子稱士／婦人無爵／庶人稱匹夫／爵人於朝封諸侯於廟／追賜
   爵／諸侯襲爵／天子即位改元（共十一章）

2. 〈號〉：皇帝王之號／王者接上下之稱／君子爲通稱／三皇五帝三王五
   伯／伯子男於國中得稱公（共五章）

3. 〈諡〉：總論諡／帝王制諡之義／諡天子於南郊／天子諡諸侯／卿大夫
   老有諡／無爵無諡／諡后夫人／號諡取法（共八章）

4. 〈五祀〉：總論五祀／大夫巳上得祭／五祀順法五行／祭五祀所用牲
   （共四章）

5. 〈社稷〉：總論社稷／歲再祭／天子諸侯祭社稷所用牲／王者諸侯兩社
   ／誡社／社稷之位／大夫有社稷／名社稷之義／社無屋有樹／王者親
   祭／社稷之壇／祭社稷有樂／祭社稷廢禮（共十三章）

第一卷下：

1. 〈禮樂〉：總論禮樂／太平制作／帝王之樂／天子諸侯佾數／王者六樂
   ／四夷之樂／歌舞異處／降神之樂／侑食之樂／五聲八音／通論異說
   （共十一章）

2. 〈封公侯〉：三公九卿／封諸侯／設牧伯／諸侯卿大夫／封諸侯制土之
   等／封諸侯親賢之義／夏封諸侯／諸侯繼世／立太子／昆弟相繼／爲
   人後／興滅繼絕之義／大夫功成未封得封子／周公不之魯（共十四
   章）

3. 〈京師〉：建國／遷國／京師／三代異制／制祿／諸侯入爲公卿食菜／
   太子食菜／公卿大夫食菜（共八章）

第二卷：

1. 〈五行〉：總論五行／五行之性／五味五臭五方／陰陽盛衰／十二律／
   五行更生相生相勝變化之義／人事取法五行之義（共七章）

2. 〈三軍〉：總論三軍／王者征伐所服／告天告祖之義／商周改正誅伐先
   後之義／天子自出與使方伯之義／兵不內御／遣將於廟／受兵還兵／

師不踰時／大喪伐畔（共十章）

3. 〈誅伐〉：誅不避親／不伐喪／討賊之義／誅大罪／父殺子／誅佞人／復讎／總論誅討征伐之義／冬至休兵（共九章）

第二卷下：

1. 〈諫諍〉：總論諫諍之義／三諫待放之義／士不得諫／妻諫夫／子諫父／五諫／記過徹膳之義／隱惡之義（共八章）

2. 〈鄉射〉：天子親射／射侯／總論射義／鄉飲酒／養老之義（共五章）

3. 〈致仕〉（一章）

4. 〈辟雍〉：總論入學尊師之義／父不教子／師道有三／辟雍泮宮／庠序之學／靈臺明堂（共六章）

5. 〈災變〉：災變譴告之義／災異妖孽異名／霜雹／日月食水旱（共四章）

6. 〈耕桑〉：論王與后親耕親桑之禮（一章）

第三卷：

1. 〈封禪〉：封禪之義／符瑞之應（共二章）

2. 〈巡狩〉：總論巡狩之禮／巡狩以四仲義／巡狩述職行國行邑義／祭天告祖禰載遷主義／諸侯待於竟／巡狩舍諸侯祖廟／三公從守／道崩歸葬／太平乃巡狩義／五嶽四瀆（共十章）

3. 〈考黜〉：總論黜陟／九錫／三考黜陟義／諸侯有不免黜義（共四章）

4. 〈王者不臣〉：三不臣／五暫不臣／諸侯不純臣／不臣諸父兄弟／子為父臣異說／王臣不仕諸侯異義／五不名（共七章）

5. 〈蓍龜〉：總論蓍龜／蓍龜尺寸／決疑之義／龜蓍卜筮名義／筮必於廟／卜筮方向／卜筮之服／占卜人數／先筮後卜／灼龜／埋蓍龜／周官卜筮及取龜義（共十二章）

6. 〈聖人〉：總論聖人／知聖／古聖人／異表（共四章）

7. 〈八風〉：論八風節候及王者順承之政（一章）

8. 〈商賈〉（一章）

9. 〈瑞贄〉：（俗本作文質，今訂正其文質章本在下三正篇。）諸侯朝會合符信／五瑞制度名義／合符還圭之義／見君之贄／私相見贄／婦人之贄／子無贄臣有贄（共七章）（案此與闕文朝聘篇互有異同，今各仍之。）

第三卷下：

1. 〈三正〉：改朔之義／改朔征伐先後（重出略有異同）／三正之義／改正右行／正言月不言日／改正不隨文質／百王不易之道／存二王之後／文質（共九章）

2. 〈三教〉：聖王設三教之義／三教始於夏／三教所法／總論教／三教所以失／論三代祭器明器之義（共六章）

3. 〈三綱六紀〉：總論綱紀／三綱之義／綱紀所法／六紀之義／詳論綱紀別名之義（共五章）

4. 〈情性〉：〔註8〕總論性情／五性六情／五藏六府主性情／六情所配之方／魂魄／精神（共六章）

5. 〈壽命〉：論三命之義（一章）（當與前篇合爲一篇。夫子過鄭八十三字，文義不類，疑後人誤鈔入。）

6. 〈宗族〉：論五宗／論九族（共二章）

7. 〈姓名〉：論姓／論氏／論名／論字（共四章）

第四卷：

1. 〈天地〉：釋天地之名／論天地之始／論左右旋之義／論天地何以無總名／論天行反勞於地（共五章）

2. 〈日月〉：日月右行／日月行遲速分晝夜之義／釋日月星之名／晝夜長短／月有大小／閏月（共六章）

3. 〈四時〉：論歲／四時／三代歲異名／朝夕晦朔（共四章）

4. 〈衣裳〉：總論衣裳／裘／帶／珮（共四章）

5. 〈五刑〉：刑罰科條／刑不上大夫義（共二章）

6. 〈五經〉：孔子定《五經》／《孝經》《論語》／文王演《易》／伏羲作八卦／《五經》象五常／《五經》之教／書契所始（共七章）

7. 〈嫁娶〉：總論嫁娶／嫁娶不自專／嫁娶之期／贄幣納徵納采辭／親迎授綏／遣女戒女／昏禮不賀／授綏親迎辭／父醮子辭／不先告廟義／廟見／嫁娶以春／妻不得去夫／天子諸侯適媵之義／卜娶妻／人君宗子自娶／大夫受封不更聘／世子與君同禮／天子必娶大國／諸侯不娶國中／同姓外屬不娶／同姓諸侯主昏／卿大夫士妻妾之制／人君嫡死

〔註8〕抱經本作「情性」，陳立本作「性情」。

縢攝／嫁娶變禮／婦人有師傅／事舅姑與夫之義／不娶有五／出婦之禮／王后夫人／妻妾／論嫁娶男女夫婦婚姻名義／閉房開房之義（共三十三章）

第四卷下：

1. 〈紼冕〉：紼／總論冠禮／皮弁／冕制／委貌母追章甫／爵弁（共六章）（當與衣裳篇合為一篇）

2. 〈喪服〉：諸侯為天子／庶人為君／臣下服有先後／論三年喪義／衰絰／杖／倚廬／喪禮不言／變禮／婦人不出竟弔／三不弔／弟子為師／私喪公事重輕義／奔喪／哭位／論周公以王禮葬（共十六章）

3. 〈崩薨〉：崩薨異稱／天子至庶人皆言喪／天子赴告諸侯／諸侯奔大喪／臣赴於君／諸侯赴鄰國／諸侯夫人告天子／諸侯歸瑞圭／天子弔諸侯／君弔臣／含斂／贈襚賵賻／殯日／三代殯禮／天子舟車殯／祖載／棺槨厚薄之制／尸柩／葬／兆域／合葬／墳墓（共二十二章）

闕文：

〈郊祀〉

〈宗廟〉

〈朝聘〉

〈貢士〉

〈車旂〉

〈田獵〉

〈雜錄〉

今本四十三篇闕文：

〈封禪〉

〈五刑〉

〈嫁娶〉

　　抱經本《白虎通》目錄共：四卷（各分上、下），四十三篇（不含闕文），三百一十一章。其「闕文」以下七篇乃莊述祖（1750～1816）所輯，盧文弨校刊增訂，為舊本所無。

　　關於卷數問題，抱經本於第一卷注曰：「本書六卷，宋本廣為十卷，俗本又合為四卷，今不得古書校正卷數篇目，姑仍其舊。至於錯簡失編，皆分注

各題下如左。」史書記載《白虎通》之卷數,自《隋書》、《舊唐書》、《新唐書》皆稱六卷,宋《崇文總目》始稱十卷,盧文弨所見小字宋本即分十卷,〔註9〕且元大德九年之刻本亦分十卷;〔註10〕而盧文弨校刻乃依俗本,故分四卷。

至陳立作《白虎通疏證》則分成十二卷五十篇(含卷十二以下闕文七篇),其篇目排列順序悉依盧本。陳立本分卷如下:

卷一:〈爵〉

卷二:〈號〉、〈謚〉、〈五祀〉

卷三:〈社稷〉、〈禮樂〉

卷四:〈封公侯〉、〈京師〉、〈五行〉

卷五:〈三軍〉、〈誅伐〉、〈諫諍〉、〈鄉射〉

卷六:〈致仕〉、〈辟雍〉、〈災變〉、〈耕桑〉、〈封禪〉、〈巡狩〉

卷七:〈考黜〉、〈王者不臣〉、〈蓍龜〉、〈聖人〉、〈八風〉、〈商賈〉

卷八:〈瑞贄〉、〈三正〉、〈三教〉、〈三綱六紀〉、〈性情〉、〈壽命〉、〈宗族〉

卷九:〈姓名〉、〈天地〉、〈日月〉、〈四時〉、〈衣裳〉、〈五刑〉、〈五經〉

卷十:〈嫁娶〉、〈紼冕〉

卷十一:〈喪服〉、〈崩薨〉

卷十二:〈郊祀〉、〈宗廟〉、〈朝聘〉、〈貢士〉、〈車旂〉、〈田獵〉、〈雜錄〉

至於篇數及其篇目名稱問題,抱經本所存《白虎通》四十三篇目錄,除第一卷〈爵〉、〈號〉、〈謚〉三篇,一卷下〈封公侯〉,三卷〈王者不臣〉,以及三卷下〈三綱六紀〉外,其餘皆以二字名篇,此篇名係依莊述祖所攷,〔註11〕而莊述祖以爲,四十三篇篇名乃後人類編而成。莊述祖曰:

> 古書流傳既久,字蝕簡脫,曾有好事者表章之,亦不過存什一於千百
> 而已,故卷數、篇數皆減於昔,惟《白虎通義》不然。……《崇文》

〔註9〕 抱經本「《白虎通》校勘補遺」曰:「此書剞劂將竣,海寧吳槎客以小字舊本見示,目錄前略有小序云:凡十卷。今作上下卷。云其細目,上作圓圈者凡十,此必十卷之舊也。」頁1。

〔註10〕 抱經本「《白虎通》校勘補遺」曰:「後於蘇州朱文游家又借得小字本上卷,乃影鈔者,吳本有模糊處,鈔本皆分明,并借得元大德九年刻本,分十卷。」,頁1。

〔註11〕 抱經本盧文弨記「《白虎通》讎所据新舊本并校人姓名」於莊述祖下注曰:「攷及目錄、闕文皆所定」,頁2。

目四十篇，而今本則有四十三篇，文雖減於舊，而篇目反增於前，
　　是〈爵〉、〈號〉以至〈嫁娶〉，皆後人編類，非其本眞矣。〔註12〕

如莊述祖所言，《隋志》以下不分篇，至《崇文總目》始分四十篇，而元大德
本則有四十三篇，是篇目反增於前，故篇數與名稱，乃後人依《白虎通》之
內容離析合併而有。故《白虎通》成書之時是否即有其篇數與名稱，亦不得
而知。因《白虎通》之篇數名稱出於後人類編而成，故其各篇之細分章節（陳
立稱細目），亦當出於後人之手。各篇之章數不一，少則一章，（如：〈致仕〉、
〈耕桑〉、〈八風〉、〈商賈〉、〈壽命〉等）；多則三十三章，（如：〈嫁娶〉），亦
當是後人類編之結果。

　　相較抱經本與陳立本兩者不同之處，在於抱經本將各章名稱臚列於目錄
之上，各篇篇名之後，而陳立本則將細目分別植入各細目之中，附於細目文
本之後。且若抱經本章名首字有「論」、「釋」或「總論」、「詳論」者，則陳
立本加一「右」字；若抱經本無以上字首者，則陳立本冠以「右論」二字，
以示區別細目，此亦是陳立從抱經本分細目之慣例。

　　抱經本《白虎通》四十三篇，共分三百一十一章，而陳立本雖知章節乃
舊本所無，亦悉依抱經本分其細目而稍異；〔註13〕至於二本所定之章名有若
干差異，列表如下：

篇　名	盧文弨《白虎通》章名	陳立《白虎通疏證》細目
爵	制爵三等五等之義	制爵五等三等之異
	內爵	（無）〔註14〕
諡	諡天子於南郊	天子諡南郊
五祀	五祀順法五行	祭五祀順五行
社稷	天子諸侯祭社稷所用牲	祭社稷所用牲
	祭社稷廢禮	祭社稷廢祀
禮樂	太平制作	太平乃制禮樂
	帝王之樂	帝王禮樂

〔註12〕抱經本《白虎通》附《白虎通義攷》，頁2。
〔註13〕《白虎通疏證》於首卷〈爵〉第一章「右論天子爲爵稱」下云：「舊無細目，
　　　今依盧本」，頁10。
〔註14〕抱經本分「內爵」、「天子諸侯爵稱之異」二章，陳立本則合爲「天子諸侯爵
　　　稱之異」一細目。

京師〔註15〕	諸侯入爲公卿食荣	諸侯入爲公卿食采
	太子食荣	太子食采
	公卿大夫食荣	公卿大夫食采
誅伐	討賊之義	討賊之意
	父殺子	父煞子
	復讎〔註16〕	冬至休兵
	總論誅討征伐之義	復仇
	冬至休兵	總論誅討征伐之義
致仕	（無章名）	總論致仕義
巡狩	巡狩以四仲義	巡守以四仲義
	巡狩述職行國行邑義	巡守述職行國行邑義
	巡狩舍諸侯祖廟	巡守舍諸侯祖廟
	太平乃巡狩義	太平乃巡守義
蓍龜	總論蓍龜	總論筮龜
	周官卜筮及取龜義	周禮卜筮及取龜義
瑞贄	五瑞制度名義	五瑞制度
三教	三教始於夏	三教
	三教所以失	三教之失
情性		總論性情〔註17〕
天地	左右旋之義	左右旋之象
	天地何以無總名	天地無總名
日月	日月行遲速分晝夜之義	日月行遲速分晝夜之象
五刑	刑罰科條	刑法科條
	刑不上大夫義	刑不上大夫
嫁娶	贄幣納徵納采辭	贄幣
	親迎授綏	親迎

〔註15〕《白虎通疏證》文本之內漏列〈京師〉篇名。
〔註16〕抱經本之「復讎」、「總論誅討征伐之義」、「冬至休兵」三章，陳立本之細目
與抱經本相同，但文本次序調整如上，與抱經本互異。
〔註17〕陳立本「總論性情」重複二次，頁452，453。觀後者之內容，主要討論五性
六情之內容及其意含，而其後接細目「五性六情」，故後者應屬衍文。

	授綏親迎辭	
	父醮子辭	授綏親迎醮子辭〔註18〕
	不先告廟義	不先告廟
	廟見（無章節有章名）	（無）
	天子諸侯適媵之義	天子嫡媵
	大夫受封不更聘	
	世子與君同禮	大夫受封不更聘及世子與君同禮〔註19〕
	嫁娶變禮	變禮
	論嫁娶男女夫婦婚姻名義	嫁娶諸名義
紼冕	委貌母追章甫	委貌毋追章甫
喪服	衰絰	衰
	婦人不出竟弔	婦人不出境弔
	私喪公事重輕義	私喪公事重輕
崩薨	（無章名）	葬北首

　　比較兩本之篇章數量，抱經本《白虎通》共四十三篇，凡三百一十一章，陳立本則四十三篇，三百零八章，（含重複「總論性情」二細目）兩本相差四章。兩本章數之差異，在於：抱經本〈爵〉分十一章，陳立本只十章；抱經本〈嫁娶〉分三十三章，陳立本只三十章；抱經本〈崩薨〉分二十二章，陳立本有二十三章。

　　比較兩本章名之差異，除抱經本〈爵〉之「內爵」為陳立本所無、抱經本〈致仕〉無章名而陳立本定「總論致仕義」細目、陳立本重複〈情性〉之「總論性情」、抱經本〈嫁娶〉之「廟見」有章名無文本而陳立本不立其細目、陳立本〈崩薨〉有「葬北首」為抱經本所無、有三處抱經本分為二章而陳立本合為一細目之外，基本上，陳立所定細目，大多依抱經本之章名，兩本之章名並無明顯差異。而兩本之文本最大不同處，乃在於抱經本〈誅伐〉「復讎」、「總論誅討征伐之義」、「冬至休兵」三章，陳立本之細目雖依抱經本，但文本次序調整為「冬至休兵」、「復仇」、「總論誅討征伐之義」，以至影

〔註18〕抱經本分「授綏親迎辭」、「父醮子辭」二章，陳立本則合為「授綏親迎醮子辭」一細目。
〔註19〕抱經本分「大夫受封不更聘」、「世子與君同禮」二章，陳立本則合為「大夫受封不更聘及世子與君同禮」一細目。

響兩本《白虎通》文本之原貌。

觀其各章之名稱，主要是對於四十三篇之內容加以統合，各冠以章名以彰顯每篇主要論述之議題。除〈致仕〉、〈耕桑〉、〈八風〉、〈商賈〉、〈壽命〉等五篇只有一章外，有二十篇標有「總論」之章名，如：

　　一卷　〈諡〉有「總論諡」

　　　　　〈五祀〉有「總論五祀」

　　　　　〈社稷〉有「總論社稷」

　　一卷下〈禮樂〉有「總論禮樂」

　　二卷　〈五行〉有「總論五行」

　　　　　〈三軍〉有「總論三軍」

　　　　　〈誅伐〉有「總論誅伐討征之義」

　　二卷下〈諫諍〉有「總論諫諍之義」

　　　　　〈鄉射〉有「總論射義」

　　　　　〈辟雍〉有「總論入學尊師之義」

　　三卷　〈巡狩〉有「總論巡狩之禮」

　　　　　〈考黜〉有「總論黜陟」

　　　　　〈蓍龜〉有「總論蓍龜」

　　　　　〈聖人〉有「總論聖人」

　　三卷下〈三教〉有「總論教」

　　　　　〈三綱六紀〉有「總論綱紀」

　　　　　〈情性〉有「總論性情」

　　四卷　〈衣裳〉有「總論衣裳」

　　　　　〈嫁娶〉有「總論嫁娶」

　　四卷下〈紼冕〉有「總論冠禮」。

此二十篇標有「總論」性質之章目，除少數如：〈誅伐〉「總論誅伐討征之義」置於九章之八，（陳立本將此章調整至篇末）〈鄉射〉「總論射義」置於五章之三，〈三教〉「總論教」置於六章之四，〈紼冕〉「總論冠禮」則置於六章之二外，其餘皆置於每篇之首，此應具有「開宗明義」之意味。且觀其文本內容，亦具有「正名」之性質與作用。而〈天地〉篇首章「釋天地之名」，雖有別於「總論」體例，但亦有「總論」之性質，故當可以「總論」視之。此種將「總論」性質之文本置於篇首之做法，是否為《白虎通》創作之初企

圖建立之體例，則未可知。

第三節　著述體例

　　從《隋志》分六卷到抱經本分四卷四十三篇，《白虎通》之卷、篇數一直未有定論，推其原委，主要在於史書論述白虎觀會議一事之時，並未明確記載該會議之具體產物。後人就其數量而分卷，或者因其內容而分篇數及其名稱，均有可說；且就《白虎通》之文本而言，其著述有其一貫之體例。試舉首篇首章為例。

> 天子者，爵稱也。爵所以稱天子何？王者父天母地，為天之子也。故〈援神契〉曰：「天覆地載，謂之天子，上法斗極。」〈鉤命決〉曰：「天子，爵稱也。」帝王之德有優劣，所以俱稱天子者何？以其俱命于天，而王治五千里內也。《尚書》曰：「天子作民父母，以為天下王。」何以知帝亦稱天子？以法天下也。《中侯》曰：「天子臣放勛。」《書亡逸篇》曰：「厥兆天子爵。」何以皇亦稱天子也？以其言天覆地載，俱王天下也。故《易》曰：「伏羲氏之王天下也。」
> （卷一〈爵〉，頁 1～10）〔註20〕

本章首句「天子者，爵稱也」，是一肯定句，是以下討論之對象。討論此一肯定句之目的，不在檢討此一肯定句之是非對錯，或者是企圖通過論證欲予修正或推翻；而是極力論證此一肯定句之合理性與必然性，凡以下之論證與引述，皆為維護此一肯定句而來，故此一肯定句可以視為以下回答之預設前提。

　　本章首句以下之論證，概可分為四組問答：

　　一問曰：「爵所以稱天子何？」答曰：「王者父天母地，為天之子也。故〈援神契〉曰：『天覆地載，謂之天子，上法斗極。』〈鉤命決〉曰：『天子，爵稱也。』」

　　二問曰：「帝王之德有優劣，所以俱稱天子者何？」答曰：「以其俱命于天，而王治五千里內也。《尚書》曰：『天子作民父母，以為天下王。』」

　　三問曰：「何以知帝亦稱天子？」答曰：「以法天下也。《中侯》曰：『天子臣放勛。』《書亡逸篇》曰：『厥兆天子爵。』」

〔註20〕陳立本疏證頗詳，通行亦廣，故本文凡引《白虎通》文本，悉依陳立疏證本。

四問曰：「何以皇亦稱天子也？」答曰：「以其言天覆地載，俱王天下也。故《易》曰：『伏羲氏之王天下也。』」

此四問雖然各有不同內容，但皆環繞「天子爲爵稱」之主題；而回答則是隨不同問題內容而有不同答案。

回答部分又可分爲二項：前一項是針對問題提出一種解釋或說明，後一項是援引典籍之文句。前一項之內容，必然是一肯定句，同時也是此一條文之結論；後一項之內容是引述典籍文句，其目的乃在印證結論部分，其本身亦是結論之一部分，有時，甚至是以引述典籍之文句做爲結論。《白虎通》引述典籍之目的，乃是效法前人已有之說法或做法，具載於典籍之中，故引述典籍具有效法先王制度之義意；且引述典籍之文句，可以增強結論之合理性與必然性，並可成爲回答解說之註腳。

除此四個部分之外，《白虎通》中尚有一種補充說明之文句。例如：

> 謚者，何也？謚之爲言引也，引列行之跡也，所以進勸成德，使上務節也。故《禮·郊特牲》曰：「古者生無爵，死無謚。」此言生有爵，死當有謚也。死乃謚之何？《詩》云「靡不有初，鮮克有終」。言人行終始不能若一，故據其終始，從可知也。《士冠（記）》曰：「死而謚今也。」所以臨葬而謚之何？因眾會，欲顯揚之也。故《春秋》曰：「公之喪至自乾侯。」昭公死于晉乾侯之地，數月歸，至急，當未有謚也。《春秋》曰：「丁巳葬」，「戊午日下側乃克葬。」明祖載而有謚也。（卷二〈謚〉，頁81～83）

此章之「此言生有爵，死當有謚也」與「明祖載而有謚也」二句，乃是分別回應各自前一項回答之內容，其性質實與回答同調，故是一種補充說明之文句。

基本上，《白虎通》中每項問答之條文，可以簡略劃分爲五個部分，即：前提、問題、結論、引述典籍文句與補充說明等，此亦是《白虎通》全書之基本構成要素。但必須說明，前提、結論與補充說明等三項要素，在語意上均屬肯定句，實無所別；但在語意脈絡之中，此三項肯定句所在位置，仍有其各別意義與作用。意即：在問題之前之肯定句，乃以下論證所欲證成之事實，故得視爲前提；緊接問題之後之肯定句，乃是針對問題之回答，故得視爲結論；而在引典之後之肯定句，乃綜合上述討論之結果，故得視爲補充說明。因此，在《白虎通》書中之肯定句，何者爲前提，何者爲結論或補充

說明，端賴其所在語意脈絡之中決定。

　　《白虎通》文本雖有上述五項基本構成要素，但並非在每一則條文中皆必然含有五項要素；而是每一則條文中穿插若干要素，構成各種不同型態之條文。以下列舉書中常見條文之型態：

　　（一）僅有結論者。例如：

　　　　王者有六樂者，貴公美德也。所以作供養。謂傾先王之樂，明有法，示正其本，興已所自作樂，明作已也。（卷三〈禮樂〉，頁 126～127）

此一型態只有結論部分，無其他性質之文句，亦可構成一則完整條文。

　　（二）有問題與結論者。例如：

　　　　諸侯薨，世子赴告於天子，天子遣大夫會其葬而諡之何？幼不誄長，賤不誄貴，諸侯相誄，非禮也。臣當受諡於君也。（卷二〈諡〉，頁 87～88）

此一型態只有問題與結論二部分，並未引述任何典籍文獻；而此類只有問答而未引述典籍出處之條文篇目，於《白虎通》之中亦屬常見。

　　（三）有結論與引典者。例如：

　　　　爵人于朝者，示不私人以官，與眾共之義也。封諸侯于廟者，示不自專也。明法度皆祖之制也，舉事必告焉。《王制》曰：「爵人于朝，與眾共之焉。」《詩》曰：「王命卿士，南仲太祖。」《禮祭統》曰：古者明君，爵有德必于太祖，君降立于阼階南，南向，所命北面，史由君右執策命之。（卷一〈爵〉，頁 30～31）

此一型態僅以結論與引典二部分構成一則條文，未設問題。

　　（四）有問題、結論與引典者。例如：

　　　　王者太子亦稱士何？舉從下升，以為人無生得貴者，莫不由士起。是以舜時稱為天子，必先試于士。《禮士冠經》曰：「天子之元子，士也。」（卷一〈爵〉，頁 28）

　　　　天子崩，大臣至南郊諡之者何？以為人臣之義，莫不欲襃稱其君，掩惡揚善者也。故之南郊，明不得欺天也。故《曾子問》：「孔子曰：『天子崩，臣下之南郊告諡之。』」（卷二〈諡〉，頁 86～87）

此一型態，以問題、結論與引典等三項要素構成一則條文，而此種構成之方式，佔書中之絕大部分，是《白虎通》著述之基本體例。

（五）有前提、問題與結論者。例如：

> 天質地文。質者據質，文者據文。周反統天正何也？質文再而復，
> 正朔三而改。三微質文，數不相配，故正不隨質文也。（卷八〈三
> 正〉，頁432）

此一型態以前提、問題與結論成一條文，無援引典籍文句作結。

（六）有結論、引典與補充者。例如：

> 妻得諫夫者，夫婦一體，榮恥共之。《詩》云：「相鼠有體，人而無
> 禮，人而無禮，胡不遄死？」此妻諫夫之詩也。諫不從，不得去之
> 者，本娶妻非爲諫正也。故一與之齊，終身不改，此地無去天之義
> 也。（卷五〈諫諍〉，頁276～277）

此一型態未設問題，直接以結論、引典與補充說明作結。

（七）有問題、結論、引典與補充者。例如：

> 王者諸侯所以有兩社何？俱有土之君也。故《禮三正記》曰：「王者
> 二社。爲天下立社曰太社，自爲立社曰王社。諸侯爲百姓立社曰國
> 社，自爲立社曰侯社。」太社爲天下報功，王社爲京師報功。太社
> 尊于王社，土地久，故而報之。（卷三〈社稷〉，頁102～103）

此一型態先以問題提問，繼之以結論、引典與補充問答，構成一則完整問答
條文。前舉卷二〈諡・總論諡〉之例，亦同此型。

（八）有前提、問題、結論與引典者。例如：

> 養從生，葬從死。周公以王禮葬何？以爲周公踐阼理政，與天同
> 志，展興周道，顯天度數，萬物咸得，休氣充塞，原天之意，子愛
> 周公，與文武無異，故以王禮葬，使得郊祭。《尚書》曰「今天動威
> 以彰周公之德」，下言「禮亦宜之」。（卷十一〈喪服〉，頁630）

此一型態先設前提，後設問題、結論與引典作結。前舉卷一〈爵・天子爲爵
稱〉之例，亦同此型。

（九）有前提、問題、結論、引典與補充者。例如：

> 伯子男臣子，于其國中，襃其君爲公。王者臣子，獨不得襃其君謂
> 之爲帝何？以爲諸侯有會聚之事，相朝聘之道，或稱公而尊，或稱
> 伯子男而卑，爲交接之時不私其臣子之義，心俱欲尊其君父，故皆
> 令臣子得稱其君爲公也。帝王異時，無會同之義，故無爲同也。何
> 以知諸侯得稱公？《春秋》曰「葬齊桓公」，齊侯也。《尚書》曰「公

曰嗟」，秦伯也。《詩》云「覃公維私」覃子也。《春秋》「葬許穆公」，
許男也。《禮大射經》曰：「公則釋獲。」大射者，諸侯之禮也，伯
子男皆在也。（卷二〈號〉，頁80～81）

此一型態包涵五項要素，在《白虎通》之中，此一型態並不多見。

除上述幾種型式之外，亦有全章僅有引述典籍者。例如：

《禮服傳》曰：「大宗不可絕，同宗則可以為後為人作子何？明小宗
可絕，大宗不可絕。故舍己之後，往為後於大宗。所以尊祖重不絕
大宗也。」《春秋傳》曰：「為人後者為之子。」（卷四〈封公侯〉，
頁180～182）

此一型式，乃是引述《禮服傳》中文句，移為回答之用。其「大宗不可絕，
同宗則可以為後為人作子何」乃問題所在；其後「明小宗可絕，大宗不可
絕。故舍己之後，往為後於大宗。所以尊祖重不絕大宗也」可視為回答之
結論，最後引《春秋傳》之文句作結。此一型態於《白虎通》之中，乃屬
少見。

歸納上述《白虎通》之條文型態，可以得知：

一，《白虎通》中每一則條文必然含有一項結論，甚至僅有一項結論，
亦可構成一則條文。即使僅有引述典籍文句所構成之條文，其文句
本身具有結論性質，亦可視為結論，故結論乃是《白虎通》書中每
一則條文之充分條件（sufficient condition）；〔註21〕而其餘四項要
素，乃隨不同型態或有若無。

二，以問題與結論二項要素構成一則條文，是書中最常見之型態，故以
「問答」之型態呈現討論之宗旨與論證之結論，乃是《白虎通》之
基本型態。

三，以問題、結論與引典等三項要素構成一則條文，是《白虎通》著述
之標準型態。

四，雖然有部分條文具有前提、問題、結論、引典與補充等五項要素，
型態最完整，但是置於問題之前之前提與續引典籍之後之補充二

〔註21〕所謂「充分條件」，係指：「一件事情發生，則另外一件事情就發生；或者，
一個命題成立，則另外一個命題就成立；那麼前者就是後者的充分條件。」
《白虎通》之「結論」部分，乃是構成每一則條文最重要之部份，亦是確立
每一則條文能否成立之最終依據，故結論乃是《白虎通》每一則條文之充分
條件。

項要素並不常見，且此一型態於書中亦屬少數，終非《白虎通》
之慣例。

五，引述典籍文句固然是《白虎通》著述要素之一，但並非每一條文必
然具有此一要素，例如上述（一）、（二）、（五）三種型態之條文，
便不必有此項要素。值得注意者，《白虎通》書中大抵皆引經斷
論，但有時如上舉例，只有問答，更無引述《五經》或其他典籍文
句，這是考證《白虎通》是否為一「講議《五經》同異」之產物，
非常重要之線索。

此外，《白虎通》亦有「一曰」、「或云」、「或曰」並陳二說之條文。例
如：

> 爵有五等，以法五行也。或三等者，法三光也。或法三光，或法五
> 行何？質家者據天，故法三光。文家者據地，故法五行。《含文嘉》
> 曰：「殷爵三等，周爵五等。」各有宜也。《王制》曰：「王者之制祿
> 爵，凡五等。」謂公侯伯子男也。此據周制也。《春秋傳》曰：「天
> 子三公稱公，王者之後稱公，其餘大國稱侯，小者伯子男也。」《王
> 制》曰：「公侯田方百里，伯七十里，子男五十里。」所以名之為公
> 侯者何？公者，通也。公正無私之意也。侯者，候也。候逆順也。
> 人皆千乘，象雷震百里所潤同。伯者，白也。子者，孳也。孳孳無
> 已也。男者，任也。人皆五十里。差次功德。小者不為附庸。附庸
> 者，附大國以名通也。百里兩爵，公侯共之。七十里一爵。五十里
> 復兩爵何？公者，加尊二王之後；侯者，百里之正爵。上有可次，
> 下有可第，中央故無二。五十里有兩爵者，所以加勉進人也。小國
> 下爵，猶有尊卑，亦以勸人也。殷爵三等，謂公侯伯也。所以合子
> 男從伯者何？王者受命，改文從質，無虛退人之義，故上就伯也。《尚
> 書》曰「侯甸任衛作國伯」，謂殷也。《春秋傳》曰：「合伯子男為一
> 爵。」或曰：合從子，貴中也。以《春秋》名鄭忽，忽者，鄭伯也。
> 此未踰年之君，當稱子，嫌為改伯從子，故名之也。……（卷一〈爵〉，
> 頁 10～22）

爵或據周制有五等，或從殷制則有三等，二說各有理據，亦各有典籍論證。
《白虎通》若偶有對名物制度之解釋有歧義者，則以並存方式條列之，於此
乃兼容二說，並未就歧義部分加以論斷取捨。至於有異說並行時，《白虎通》

之處理態度是：

> 問曰：異說並行，則弟子疑焉。孔子有言：「吾聞擇其善者而從
> 之，多見而志之，知之次也。」「文武之道，未墜于地。」「天之
> 將喪斯文也。」「樂亦在其中矣。」，聖人之道，猶有文質，所以
> 擬其說，述所聞者，亦各傳其所受而已。（卷三〈禮樂〉，頁 152～
> 153）

由此可知，《白虎通》對於同一問題而有二種答案之例，只是並陳二說，並未
就二說加以論斷取捨。

　　對於典籍之引述，亦僅是在問答之過程中做為引證，或是注腳之用，甚
至有時不見引述，故典籍之引述，並非是《白虎通》書中構成每一項問答之
必要條件。而且，引述典籍之條文，僅止於結論性質，書中並未顯示出與會
者持不同典籍對同一問題之不同答辯。故《後漢書》所謂「講議《五經》
同異」之記載，似乎與《白虎通》之論述不相應。尤有甚者，《白虎通》除
引述《五經》外，尚引《論語》、《孝經》、《爾雅》等非《五經》典籍，且
更雜以三十一條「讖記之文」；〔註22〕而此論述範圍，已經明顯違反章帝詔書
之意。

第四節　引述典籍考

　　《白虎通》著述之體例，以「問答」之型態呈現討論之宗旨與論證之結
論乃是其基本型態，而以「問題」、「結論」與「引典」等三項要素構成一則
條文，則是其標準型態。《白虎通》書中固然有極少部分條文並未引述典籍，
然而，依陳立所考，即使《白虎通》在「結論」部分未明確標示其文句之典
籍出處，亦多出自典籍之中。因此，不論是基本型態或是標準型態，引述典
籍部分乃是全書不可或缺之重要因素之一；況且書中亦時有以引述典籍做為
自設問答之「問題」與「結論」部分，由此可知，引述典籍乃是《白虎通》
立論之所在。

　　引述典籍之文句，乃是《白虎通》「結論」之最主要來源，引述之文句幾
佔全書大部分，而引述典籍之種類，亦不限《五經》。《白虎通》文本之中所
引述之典籍種類及其次數如下：

〔註22〕《《白虎通》讖緯思想之歷史研究》，頁 88～89。

《詩》類：

《白虎通》引《詩經》中，稱引《詩》者有四十六則，稱引《韓詩內傳》有四則，亦有少數稱引《詩傳》、《詩訓》、《周頌》、《魯訓》、「詩人歌之曰」、「孔子曰」共八則，[註23] 合計《白虎通》文本稱引《詩》之經傳者，共五十八則。

《尚書》類：

《白虎通》引《尚書》中，稱引《尚書》者有五十六則，稱引《書》者有七則，稱引《書亡逸篇》、《尚書逸篇》各一則，《尚書敘》一則，《尚書大傳》有十三則，合計《白虎通》文本稱引《尚書》之經傳者，共七十九則。

《禮》類：

《白虎通》引《禮》中，稱引《禮》者有三十五則，引《禮經》二則，《禮說》一則；引《周官》五則；引《禮士冠經》十則，《禮昏經》三則，《禮士相見經》二則，《禮大射經》一則，《覲禮經》三則，《喪服經》二則，《喪服小記》一則，《禮士喪經》一則，《喪禮經》一則，《禮士虞經》一則，《禮服傳》五則（《儀禮‧喪服》，含二篇逸禮），《禮服經》一則（《儀禮‧喪服》），《禮射祝》：一則（《儀禮‧大射儀注》）；引《禮記》六則，《禮記謚法》一則，《禮謚法記》一則，《禮記祭義》一則，《祭義》一則，《禮坊記》一則，《禮運》一則，《禮運記》一則，《王制》三十二則，《月令》五則，《禮曾子問》一則，《禮曾子記》一則，《曾子問》十一則，《曾子》三則，《禮內則》五則，《曲禮下記》一則，《曲禮》十一則，《禮郊特牲》七則，《禮檀弓》十四則，（含「子夏曰」《禮記‧檀弓》，頁 133），《禮雜記》三則，《禮奔喪記》二則，《禮間傳》一則，《禮中庸》二則，《禮祭統》一則，《禮祭法》一則，《禮祭義》三則，《禮器》一則，《禮玉藻》一則，《明堂記》二則，《禮學記》一則，《樂記》六則，《樂元語》二則；《禮保傅記》五則，《禮三朝記》一則，《夏小正》一則。引《禮》之逸篇者，《禮王度記》七則，《禮三正記》

〔註23〕《白虎通‧封禪》卷六曰：「故孔子曰：『升泰山，觀易姓之王，可得而數者七十餘君。』」，《白虎通疏證》曰：「《韓詩外傳》云：『孔子升泰山，觀易姓之王，可得而數者七十餘氏，不可得而數者萬數。』」頁 331。《韓詩外傳》，漢韓嬰撰，《四庫全書‧總目》曰：「其書雜引古事古語證以詩詞，與經義不相比附，故曰外傳。所采多與周秦諸子相出入，班固論二家之詩，稱其或取《春秋》采雜說，咸非其本義，殆指此類歟。」（臺北：藝文印書館，1989年 1 月），頁 368。

五則，《禮別名記》二則，《禮親屬記》一則，《禮五帝記》一則。合計《白虎通》文本稱引《禮》之經傳者，共二百三十一則。

《易》類：

　　《白虎通》中稱引《易》之經傳者，共二十則。

《春秋》類：

　　《白虎通》引《春秋》中，稱引《春秋》者有二十則，《春秋經》一則，《春秋文義》一則；稱引《春秋公羊傳》有五則，《春秋穀梁傳》五則，稱引《春秋傳》者有五十五則，〔註 24〕《春秋瑞應傳》一則，稱引《傳》者有二十六則，〔註 25〕合計《白虎通》文本稱引《春秋》之經傳者，共一百一十四則。

《孝經》類：

　　《白虎通》中稱引《孝經》之經傳者，共九則。

《論語》類：

　　《白虎通》引《論語》中，稱引《論語》者有四十八則，稱「孔子曰」二則，稱「子夏曰」一則，合計《白虎通》文本稱引《論語》者，共五十一則。

《爾雅》類：

　　《白虎通》中稱引《爾雅》者，只一則。

《管子》類：

　　《白虎通》中稱引《管子》者，只一則。

「讖緯」類：

　　《白虎通》引「讖緯」中，引《書》類有五則，《禮》類八則，《易》類

〔註 24〕 《白虎通》中稱引《春秋傳》者，大多指《春秋公羊傳》。但如《白虎通・誅伐》：「《春秋傳》曰：『臣弒君，臣不討賊，非臣也。』」頁 255，《春秋公羊傳》引子沈子曰：「君弒，臣不討賊，非臣也。不復讎，非子也。」，《春秋穀梁傳》曰：「君弒，賊不討，不書葬，以罪下也」，二傳意見相當。又如《白虎通・嫁娶》曰：「以《春秋傳》曰：『譏娶母黨』也。」此語三傳皆不見，不知所引為何？又《白虎通・三正》稱引《春秋瑞應傳》其文亦不見三傳之中，今暫列於此。

〔註 25〕 《白虎通》中稱引《傳》者，多指《春秋傳》，亦有類似其他經傳文句，如：《書傳》頁 23、24、238，《魯詩傳》頁 140；《禮喪服傳》頁 446；亦有讖緯類《元命苞》、《援神契》頁 399；《鉤命決》頁 520；《璇璣鈐》頁 534；《乾鑿度》頁 536。今暫列於此。

二條，《樂》類三則，《春秋》類三則，《孝經》類九則，《論語》類二則，合計《白虎通》文本稱引「讖緯」者，共三十一則。

以上所計，只就《白虎通》書中所引述之典籍名稱或其篇名統計，凡同一條文之內引用同一典籍之文句，而文句分二段或二段以上解說者，不另標示出處者，則不重複計算。此外，《白虎通》書中有引書名而未引典籍中之文句者，意即在書名之後未用「曰」、「云」或「言」明示其引述之內容者，亦不列入計算。〔註26〕

合計《白虎通》文本引述典籍，凡十類，共五百九十五則。各類典籍佔全書引述之總數比例如下：

《詩》類：五十八則（9.74%）

《書》類：七十九則（13.27%）

《禮》類：二百三十一則（38.82%）

《易》類：二十則（3.36%）

《春秋》類：一百一十四則（19.15%）

《孝經》類：九則（1.51%）

《論語》類：五十一則（8.57%）

《爾雅》：一則（0.16%）

《管子》：一則（0.16%）

「讖緯」類：三十一則（5.21%）

《白虎通》引述典籍次數比例，下以立體直條圖示之：

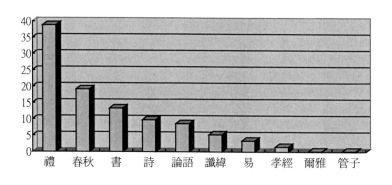

〔註26〕《白虎通》中只稱引書名而未引述文句者：《春秋》九次，《春秋傳》一次，《月令》三次，《尚書》三次，《書》一次，《尚書大傳》一次，《論語》四次，《孝經》三次，《五經》二次，《易》一次。

　　比較《白虎通》引述典籍之次數，依序是：《禮》類，《春秋》類，《書》類，《詩》類，《論語》，「讖緯」類，《易》類，《孝經》類，《爾雅》，《管子》。分析此一統計數據，有以下四點意義：

　　一、《白虎通》之「問答」體例，雖然以「問題」、「結論」與「引典」三項要素構成一則條文爲其「標準型態」，然而書中之「引典」並非必要條件，故「問題」與「引典」未能在逐一條文中一一對應。但是，《白虎通》引述典籍五百九十五則，與所列六百五十七「問題」，（見第伍章第一節）次數相去不遠，可見作者有建立「標準型態」體例之用心與趨勢。

　　二、《白虎通》書中所指《五經》，其意有二。其一：

　　　　經所以有五何？經，常也。有五常之道，故曰《五經》。《樂》仁，
　　　　《書》義，《禮》禮，《易》智，《詩》信也。（卷九〈五經〉，頁531）

此處所謂《五經》，乃指《樂》、《書》、《禮》、《易》、《詩》等五部經書。然而，《白虎通》書中獨漏引述《樂》文，或「漢人以《樂經》亡」，〔註27〕或者「樂」本不立文字，故無文可引。故「樂」不列於典籍之中。其二：

　　　　《五經》何謂？《易》、《尚書》、《詩》、《禮》、《春秋》也。（卷九〈五
　　　　經〉，頁532）

《易》、《書》、《詩》、《禮》、《春秋》，此即漢時所謂《五經》，亦即武帝所立之《五經》博士。《白虎通》引述典籍之中，《五經》佔總數八成四，若加《孝經》、《論語》，則佔總數九成四，顯見經書在《白虎通》中地位之重要。

　　三、《白虎通》引述典籍之中，屬《禮》類爲最大宗，幾佔總數四成（38.82%），此一數據正呼應下文所列之「問題」討論之重點六百五十七「問題」，形成一套結構完整之「禮樂制度」之「國憲」。（詳見第伍章第一節）

　　四、除《五經》之外，《白虎通》亦引述《論語》、《孝經》、「讖緯」、《爾雅》、《管子》等典籍之文句；即使引述《五經》之比例，亦頗爲懸殊。《禮》類近四成，而《易》類僅佔不到百分之四，即使《論語》亦有百分之八點五，甚至不屬經書之「讖緯」一類，亦有百分之五。由此可知，《白虎通》引述典籍之對象，不以《五經》爲限，此意甚明。

〔註27〕〔清〕皮錫瑞撰：《經學歷史》（臺北：藝文印書館，1987年10月），頁59。

第參章　白虎觀經學會議

　　《白虎通》一直被視爲東漢白虎觀會議之具體成果，原因之一，固然是此書問世之時可能已冠其名，更重要之因素，乃在於史書有明確記載白虎觀會議之過程，與事件之始末，故後人視《白虎通》爲此一會議之產物，乃是理所當然之事。然而，截至元大德本《白虎通》見世之前，史書自《後漢書》以降，皆只記其事，而未載其書，即使有登錄其書者，亦僅止於書目與卷數；而後世類書與其他典籍，凡有引《白虎通》之文句者，亦只是個別少數幾則條文。質言之，自東漢以降，至宋元《白虎通》見世之前，所謂「白虎通」，僅止於史書之記載與流傳中之書名而已，至於「白虎通」之文本，見之史料者非常有限，故張楷有「是書韜晦於世何止數百歲而已」之感慨。《白虎通》既已見世，則按其文本內容，理應符合史書中對「白虎通」之描述，故本章主要討論白虎觀會議之始末，與「白虎通」之緣起。

第一節　書名問題與成書緣起

　　「白虎通」之書名，主要有「白虎通」、「白虎通義」與「白虎通德論」等不同名稱；造成此種一書多名之現象，固然是史料記載已見分歧，亦源自史料對此書之來源與性質有不同見解所致。

　　《東觀漢記》載東漢明帝永平元年（58）：

　　　　永平元年，帝即阼，長思遠慕，至踰年正月，乃率諸王侯、公主外
　　　　戚郡國計吏上陵，如會殿前禮。長水校尉樊儵奏言：先帝大業當以
　　　　時施行。欲使諸儒共正經義，頗令學者得以自助，于是下太常、將

軍、大夫、博士、議郎、郎官及諸王、諸儒,會白虎觀講議《五經》

同異。〔註1〕

此文記載東漢明帝於永平二年（59）,採長水校尉樊鯈（?～67）之奏言,下
太常至諸儒等人會白虎觀,講議《五經》同異。然而,此書記永平二年卻未
記此事。〔註2〕《東觀漢記》又載章帝建初四年（79）:

四年冬十一月,詔諸王、諸儒會白虎觀,講《五經》同異。〔註3〕

若依《東觀漢記》所載,東漢明帝、章帝各自詔開一次白虎觀會議。但永平
二年,明帝率公卿列侯祀于明堂,登靈臺,正儀度,並未重述樊鯈之奏,以
及明帝下詔諸人會白虎觀講議《五經》同異,且在《後漢書》中,亦未記載
明帝詔開此會。〔註4〕《後漢書·樊鯈列傳》曰:

（樊鯈）永平元年,拜長水校尉,與公卿雜定郊祠禮儀,以讖記正
《五經》異說。（卷三十二,頁 1122）

《後漢書》載樊鯈於永平元年拜長水校尉,並與公卿雜定郊祠禮儀,以讖記
正《五經》異說,但並未載永平二年之奏言。因此,明帝是否於永平二年曾
因樊鯈之奏言而詔諸人會白虎觀講議《五經》同異,此事尚待考證。

章帝建初四年詔開白虎觀會議,《後漢書·章帝紀》詳細記載曰:

……中元元年詔書,《五經》章句煩多,議欲減省。至永平元年,長
水校尉鯈奏言,先帝大業,當以時施行。欲使諸儒共正經義,頗令
學者得以自助。……於是下太常,將、大夫、博士、議郎、及諸生、
諸儒會白虎觀,講議《五經》同異,使五官中郎將魏應承制問,侍
中淳于恭奏,帝親稱制臨決,如孝宣甘露石渠故事,作白虎議奏。（卷
三,頁 138）

史稱白虎觀會議於焉詔開。依《後漢書》所載,此會議之程序如下:首先由
魏應制問,其餘如太常、將、大夫、博士、議郎、諸生、諸儒等與會者,講
議《五經》同異,再命淳于恭記錄講議結果,上奏,最後由章帝稱制臨決,

〔註1〕 〔漢〕劉珍等撰:《東觀漢記》（臺北:藝文印書館原刻景印《百部叢書集
成》）,卷二,頁2。

〔註2〕 《東觀漢記》卷二:「（永平）二年春正月辛未,宗祀光武皇帝于明堂,帝及
公卿列侯始服冕冠衣裳,祀畢,升靈臺望雲物,大赦天下。詔曰:登靈臺,
正儀度」,頁2。

〔註3〕 《東觀漢記》卷二,頁7。

〔註4〕 〔劉宋〕范曄撰,〔唐〕李賢等注:《後漢書》（北京:中華書局,1965 年 5
月）,卷二:「永平元年春正月,帝率公卿已下朝於原陵,如元會議」,頁99。

此過程一如西漢宣帝甘露三年（B.C. 51）之石渠故事。因會議在白虎觀，故所作議奏名之曰「白虎議奏」，李賢（651～684）注之曰「今《白虎通》」，《隋志》以後便通稱此次會議資料爲「白虎通」。可知，「白虎通」一辭乃是以地名書。

《後漢書・儒林列傳》又載：

> 建初中，大會諸儒於白虎觀，考詳同異，連月乃罷。肅宗親臨稱制，
> 如石渠故事，顧命史臣，著爲通義。（卷七十九上，頁 2546）

此文與上文同記一事，但所作會議資料有「通義」之名，故《新唐書・藝文志》稱之爲「白虎通義」。

《後漢書・班固列傳》又載：

> （班）固自以二世才術，位不過郎，感東方朔、楊雄自論，以不遭
> 蘇、張、范、蔡之時，作〈賓戲〉以自通焉。後遷玄武司馬。天子
> 會諸儒講論《五經》，作《白虎通德論》，令固撰集其事。（卷四十下，
> 頁 1373）

故此會議資料又有「白虎通德論」之名，《崇文總目》亦以此稱之。

概言之，《後漢書》所載記錄白虎觀會議之資料，或曰「白虎議奏」、「通義」、「白虎通德論」，並未統一其名，甚且未有「白虎通」之名。因此，後世目錄類書對此一會議資料，便產生不同名稱，且後世目錄對此一資料之不同稱謂，是否指涉同一料資，亦未可知。而後世學者對此一資料之不同名稱與性質，亦有不同見解。

首先，關於「白虎通德論」一名，《後漢書》載「作《白虎通德論》」，《崇文總目》以此稱之，現存最早之《四部叢刊》影印元大德重刊之宋監本亦從此說，但周廣業（1730～1798）懷疑有此一書名。周廣業言：

> 竊疑通德二字本不連讀，乃是《白虎通》之外別有《德論》，非一書
> 也。李善《文選・注》引班固《功德論》曰：「朱軒之使，鳳舉於
> 龍」，堆之表是論，不見全文，豈范氏所指即此，而脫「功」字歟？
> 其言不類說經，或亦四子講德之流，而史誤爲連及歟？且古人講解
> 經義，並謂之通，是書列《隋・經籍志》，亦曰《白虎通》。〔註5〕

依周廣業考證所得，李善《文選・注》嘗引班固《功德論》之文，《後漢書》之「作《白虎通德論》」一詞，乃脫「功」字，「通德」二字不得連及，故「白

〔註5〕　《白虎通》，〈白虎通序〉引周廣業之言，頁2～3。

虎通德論」本非一書名，而是指「白虎通」與《功德論》二種。周廣業之考
證，雖然否定有「白虎通德論」之名，但卻產生另一問題，即班固所撰集之
白虎觀會議資料，豈不有兩書？抑或是班固以「白虎通」名其書，以《功德
論》述其事？

　　其次，關於「白虎通義」一名，張心澂言：

> 《四庫提要》曰：「《隋書・經籍志》載《白虎通》六卷，不著撰
> 人。……」……《後漢書》固本傳稱：「……」又〈儒林傳〉序言：
> 「……」唐章懷太子賢註云：「即白虎通義，」是足證固撰，後乃名
> 其書曰《通義》。《唐志》所載蓋其本名，《隋志》刪去義字，蓋流俗
> 省略。〔註6〕

張心澂以爲，《唐志》之「白虎通義」乃是本名，《隋志》之「白虎通」減
去「義」字，乃是流俗省稱之名，兩者異名而同實。莊述祖考證《白虎通》，
亦以爲應當正名爲「白虎通義」，不過，其所持理由與張心澂迥異。莊述祖
曰：

> 案：〈儒林傳〉云：「命史臣著爲通義」，即今《白虎通義》也。議奏
> 隋唐時已亡佚，注以爲今《白虎通》，非是。

莊述祖以爲，章帝命史臣所作之「通義」，其實是今之《白虎通》，而李賢注
以「白虎通義」視爲「白虎通」並不正確。莊述祖以爲「白虎通」乃是指稱
議奏全文，而「白虎通義」是議奏全文（即「白虎通」）之部分，此論斷乃是
著眼於「白虎通」與「白虎通義」兩者之篇數不同。莊述祖曰：

> 古書流傳既久，字蝕簡脫，會有好事者表章之，亦不過存什一於千
> 百而已，故卷數篇數皆減於昔，惟《白虎通義》不然。《隋志》、《唐
> 志》六卷，而《崇文總目》則有十卷，《崇文》目四十篇，而今本則
> 有四十三篇，文雖減於舊，而篇目反增於前，是〈爵〉、〈號〉以至
> 〈嫁娶〉，皆後人編類，非其本眞矣。〔註7〕

莊述祖推論，《隋志》之「白虎通」與《崇文總目》之「白虎通德論」，皆是
指「白虎通義」，而且「白虎通義」之卷數與篇數，甚至其〈爵〉、〈號〉以至
〈嫁娶〉之篇目，乃後人編纂而成，並非當時原貌。莊述祖且依東漢蔡邕（133
～192）〈巴郡太守謝版〉中有「詔書前後，賜石鏡奩《禮經素字》、《尙書章

〔註6〕張心澂：《僞書通考》（臺北：明倫出版社，1971年2月），頁840。
〔註7〕抱經本〈白虎通義攷〉，頁2。

句》、《白虎議奏》合成二百一十二卷」之言，〔註8〕以爲「白虎通義」與「白虎議奏」有別。莊述祖曰：

> 案《禮古經》五十六卷，《今禮》十七卷，《尚書章句》、歐陽大、小夏侯三家，多者不過三十一卷，二書卷不盈百，則《奏議》無慮百餘篇，非今之通義明矣。〔註9〕

莊述祖比對「白虎議奏」在蔡邕之時，至少百篇以上，而「白虎通義」（今之《白虎通》）僅有四十四篇（〈三綱六紀〉離析爲二），「白虎通義」只是「白虎議奏」之略本，故「白虎通義」與「白虎通」實指兩事。因此，依莊述祖所考，章帝命班固撰集其事即是「白虎議奏」，即所謂之「白虎通」全文，此議奏當有百篇以上，且在隋唐時已亡佚；而現存之《白虎通》即是章帝命史臣所作之「白虎通義」，「白虎通義」乃「白虎通」之略本，二者不可混同。故莊述祖認爲以「白虎通」之名稱「白虎通義」之實，易生歧義。

　　孫詒讓（1848～1908）承莊述祖之說，亦以爲《白虎通》應爲「白虎通義」；不過，莊述祖立論以篇數不合爲由，而孫詒讓則是從西漢石渠閣議之議奏探討。孫詒讓曰：

> 竊謂建初之制，祖述甘露，議奏之作，亦襲石渠，白虎議奏，雖佚其卷帙，體例要可以石渠議奏推也。《漢書‧藝文志》《書》九家內議奏四十二篇、《禮》十三家內議奏三十八篇、《春秋》二十三家內議奏三十九篇、《論語》十二家內議奏十八篇、《孝經》十三家內《五經雜議》十八篇，共五部百五十五篇。石渠舊例有專論一經之書，有雜論五經之書，合則爲一帙，分則爲數家，……白虎講論，既依石渠故事，則其議奏必亦有專論一經與雜論《五經》之別，今所傳通議，蓋白虎義奏內之《五經雜議》也。……晉宋以後，議奏全帙漸至散佚，而《通義》一編，析出別行，僅存於世，展轉傳迻，忘其本始。於是存其白虎之名，昧其雜議之實，或以通義該議奏，或以議奏疑通義，皆考之不審，故舛誤互見矣。〔註10〕

〔註8〕　〔漢〕蔡邕：《蔡中郎文集》（臺北：藝文印書館，1969年《百部叢書集成》影印《十萬卷樓叢書》本），卷八，頁3。《蔡中郎集》（臺北：中華書局，《四部備要‧集部》據《海源閣校刊本》校刊），王昶考證蔡邕作〈巴郡太守謝版〉當於中平六年，見附「中郎年表」，頁6。

〔註9〕　抱經本〈白虎通義攷〉，頁2。

〔註10〕孫詒讓，〈白虎通義考〉，《國粹學報》第五年第二冊第五十五期（1909年）（臺北：文海出版社，1970年2月），頁2114～2116。

孫詒讓以爲，白虎觀會議既是仿傚西漢石渠閣會議之模式，其會議成果，亦當仿傚石渠閣編列之議奏形式，故石渠閣會議有專論一經與雜議《五經》之書，而白虎觀會議「必亦有」專論一經與雜議《五經》之書。然而，石渠議奏雜議《五經》已亡佚，專論一經者又僅存《石渠禮論》；而白虎觀會議則是專論一經者全部亡佚，卻僅存雜議《五經》之「《五經雜議》」；故今之《白虎通》即是白虎觀會議之「《五經雜議》」。因此，孫詒讓以爲，以「白虎通」或「白虎議奏」之名名今之《白虎通》不可行，而當以「白虎通義」之名名之，以別於「白虎議奏」，以正其「雜議《五經》」「通義」之實。

　　莊述祖著眼於篇數之不合，將《白虎通》視爲「白虎議奏」之部分；孫詒讓則是正視《白虎通》雜議《五經》之事實，亦將《白虎通》視爲「白虎議奏」之部分。莊、孫兩氏所採取之考證方法雖然有別，卻殊途同歸，兩者皆同意今之《白虎通》應正名爲「白虎通義」，今之《白虎通》乃「白虎通」之一部分，當然亦皆肯定今之《白虎通》乃是白虎觀會議之產物。

　　劉師培（1884～1919）亦同意《白虎通》應正名爲「白虎通義」，但所持理由卻與莊孫兩氏之說迥異。劉師培曰：「陽湖莊氏別《通義》於《奏議》之外，謂與《議奏》爲二書，瑞安孫氏列《通義》於奏議之中，謂即奏議之一類。以今審之，二說均違。」〔註11〕劉師培認爲：

> 若夫《通義》之書，蓋就帝制所釐之說，纂爲一編。何則？所奏匪一，以帝制爲折衷，大抵評騭諸說，昭釐而從，或所宗雖一，而別說亦復並存，裁准既定，宜就要刪。〔註12〕

劉師培以爲，白虎觀會議所有議論呈奏章帝，章帝依議奏內容評騭裁准，其後史臣依章帝稱制臣決之結果，要刪議奏而成《白虎通義》，故《白虎通義》與《議奏》有別。劉師培此說近似莊述祖之論，但稍有差別。劉師培曰：

> 夫《石渠禮論》，均載立說者姓名，……今所傳《通義》四十餘篇，體乃迥異，所宗均僅一說，間有「一曰」、「或云」之文，十弗踰一，蓋就帝制所可者筆於書，並存之說，援類附著，以禮名爲綱，不以經義爲區，此則《通義》異於《議奏》者矣。然《通義》所有之文，均《議奏》所已著，《通義》之於《議奏》，采擇全帙，亦非割裂數卷，裁篇別出，如石渠《五經》雜議也。故〈班固傳〉中，稱爲「撰

〔註11〕劉師培：〈白虎通義源流考〉，收在中華本《白虎通疏證》，頁783。
〔註12〕〈白虎通義源流考〉，頁783。

集」，體異於舊謂之撰，會合眾家謂之集，按詞審實，厥體乃章。或
以深沒姓名爲誚，不知此書雖撰，《議奏》仍復並存，故桓、靈之際，
伯喈守巴，仍拜帝賜。蓋詳者可以籲群說之紛，約者所以暴朝廷好
尚，離以並美，誼仍互昭。嗣則《議奏》泯湮，惟存《通義》，而岐
名孳生。〔註13〕

劉師培認爲，《白虎通義》之體例異於《議奏》者，主要有二點：其一，《通
義》雖亦宗一說爲主，但仍以「一曰」、「或云」（或曰）之文，並存其他異議，
此做法之目的不在於正經義，而是在建立禮名制度，故《通義》有別於「雜
議」之論。其二，班固集合眾家之說，調節整理，撰成《通義》，但因《通義》
不記發言者之姓名，爲保留會議原貌，並存《議奏》以供後人檢索。因此，《議
奏》保存至桓、靈之時，賜予蔡邕，此後《議奏》亡佚，僅存《通義》，後人
不知始末，而岐名滋生。

　　其實，劉師培分析《通義》有別於「雜議」之論時，已透露《白虎通》
文本一些異樣端倪。如《白虎通》之中有「一曰」、「或云」、「或曰」之文，
並存異說，此部份雖佔全書不足十分之一，但已充分顯示，《白虎通》「不以
經義爲區」，而是「以禮名爲綱」；其次，《白虎通》不記發言者之姓名，有別
於《石渠禮論》，故《白虎通》之著述，仍不以「講議《五經》同異」爲目的。
劉師培所舉之重點，均是考證《白虎通》之重要證據，可惜劉師培囿於莊述
祖之影響，極力粉飾《白虎通》文本與白虎觀會議之矛盾，以爲白虎觀會議
之後有資料二種，所謂「議奏」之「白虎通」隨賜蔡邕之後而亡佚，而今之
《白虎通》文本乃是采擇「議奏」全帙，應正名爲「白虎通義」。

　　章權才亦強調「《白虎議奏》和《白虎通》，兩者有聯繫，也有差別，決
不能把兩者混淆起來」，且章權才之區分「白虎議奏」與《白虎通》，實與劉
師培之說雷同。章權才言：

　　　有些著作把《後漢書·章帝紀》中所說的《白虎議奏》跟《白虎通》
　　　混爲一談，認爲是指同一部書。其實這是一種誤解。考史，所謂《白
　　　虎議奏》，指的是在經學討論會上，學者們所上的奏章，是他們就經
　　　學中的經義問題所發表的意見。這些奏章，呈送章帝；章帝則從中
　　　提出一些問題讓大家討論。《章帝紀》所說：「使五官中郎將魏應承
　　　制問，侍中淳于恭奏」，指的是魏應、淳于恭從中做銜接工作。把學

者們所上的奏章收集成冊，這就叫「作《白虎議奏》」。可是《白虎通》則是另一回事，主要是插入了「帝親稱制臨決」這個成分。什麼意思呢？就是對經學會議上討論的問題，章帝表了態，作了決定。後來，班固這位史臣，根據章帝的意詣，撰定了一本書，這本書就叫《白虎通》。〔註14〕

章權才認為，白虎觀會議之程序，首先是與會者就經學問題發表意見，章帝再根據這些意見提出問題交由魏應供大會討論，學者們再依章帝所擬之問題發表意見，討論之結果收集成冊，上奏章帝，此即是《白虎議奏》；而《白虎議奏》上奏之後，插入章帝「稱制臨決」這個成分，班固「這位史臣」根據章帝之意詣，所撰定之書便稱之為《白虎通》。章權才之解釋，似乎更貼近《後漢書》白虎觀會議之敘述，同時亦將「白虎議奏」和《白虎通》之關係單純化；然而，其解釋範圍卻有溢出史料之嫌。首先，白虎觀會議之中，是否有與會者先就經學問題發表意見，章帝再從這些意見之中提出問題供大會討論之程序？其次，《後漢書・儒林傳》所載「顧命史臣，著為通義」，是否即指班固「這位史臣」，亦不得而知。

《後漢書》稱白虎觀會議之資料，或曰「作白虎議奏」、「著為通義」、「作白虎通德論」等，是否指稱一具體之文本，其實並不明確；而後世目錄指稱此書互異，研究者以不同之名稱亦可能指涉不同之著述內容，但無論是「白虎通德論」、「白虎通義」、「白虎議奏」或者是「白虎通」，皆是指東漢章帝詔開白虎觀會議之討論資料，此說殆無疑義。因此，無論以何種名稱稱呼《白虎通》文本，理當討究白虎觀會議之緣起，以探究其著述之性質，還原《白虎通》本來面貌。

《後漢書》載建初四年詔書曰：「中元元年詔書，《五經》章句煩多，議欲減省」，考之《東觀漢記》、《後漢書》均未記載詔書後續；但有「宣布圖讖於天下」。（卷一下，頁84）其後永平元年，「長水校尉儵奏言，先帝大業，當以時施行」，《後漢書・樊儵傳》曰：

（樊儵）永平元年，拜長水校尉，與公卿雜定郊祠禮儀，以讖記正《五經》異說。北海周澤、琅邪承宮並海內大儒，儵皆以為師友而致之於朝。上言郡國舉孝廉，率取年少能報恩者，耆宿大賢多見廢

〔註14〕章權才：《兩漢經學史》（臺北：萬卷樓圖書有限公司，1995年5月），頁245～246。

棄，宜敕郡國簡用良俊。又議刑辟宜須秋月，以順時氣。顯宗並從
之。（卷三十二，頁 1122～1123）

樊鯈「以讖記正《五經》異說」，乃明顯呼應上述光武帝宣布圖讖之舉；而樊
鯈上言之事，明帝雖採納，但仍未言及先帝大業之事，甚且未提及有關經學
博士之事。〔註15〕

　　至建初元年（76），楊終上疏曰：

　　終又言：「宣帝博徵群儒，論定《五經》於石渠閣。方今天下少事，
　　學者得成其業，而章句之徒，破壞大體。宜如石渠故事，永爲後世
　　則。」於是詔諸儒於白虎觀論考同異焉。〔註16〕

楊終於疏中陳述當時學術環境，由於章句之徒離析經義，致使經義產生嚴重
歧義，故建議章帝博徵群儒，仿傚西漢宣帝論定《五經》於石渠閣。《後漢
書》載楊終之疏與章帝詔開白虎觀會議，兩者顯然有因果關係。越三年，建
初四年（79），章帝乃下詔太常以下及諸生、諸儒會白虎觀，講議《五經》同
異。《後漢書·章帝紀》曰：

　　十一月壬戌，詔曰：「蓋三代導人，教學爲本。漢承暴秦，褒顯儒術，
　　建立《五經》，爲置博士。其後學者精進，雖曰承師，亦別名家。孝
　　宣皇帝以爲去聖久遠，學不厭博，故遂立大、小《夏侯尚書》，後又
　　立《京氏易》。至建武中，復置顏氏、嚴氏《春秋》，大、小戴《禮》
　　博士。此皆所以扶進微學，尊廣道藝也。中元元年詔書，《五經》章
　　句煩多，議欲減省。至永平元年，長水校尉鯈奏言，先帝大業，當
　　以時施行。欲使諸儒共正經義，頗令學者得以自助。孔子曰：『學之
　　不講，是吾憂也。』又曰：『博學而篤志，切問而近思，仁在其中矣。』
　　於戲，其勉之哉！」於是下太常，將、大夫、博士、議郎、郎官及

〔註15〕考樊鯈之族孫樊準嘗言：「……今學者蓋少，遠方尤甚。博士倚席不講，儒者
　　　競論浮麗，忘謇謇之忠，習諓諓之辭。文吏則去法律而學詆欺，銳錐刀之鋒，
　　　斷刑辟之重，德陋俗薄，以致苛刻。早孝文竇后性好黃老，而清靜之化流景
　　　武之閒。臣愚以爲宜下明詔，博求幽隱，發揚嚴穴，寵進儒雅，有如孝、宮
　　　者，徵詣公車，以俟聖上講習之期。公卿各舉明經及舊儒子孫，進其爵位，
　　　使續其業。復召郡國書佐，使讀律令。如此，則延頸者日有所見，傾耳者月
　　　有所聞。伏願陛下推述先帝進業之道。」（《後漢書·樊準傳》卷三十二，頁
　　　1126～1127）樊準此疏乃在和帝永元十五年（103）之後，是否即是建初四年
　　　之詔書所提及之「先帝大業」，不得而知；不過樊準之疏，亦可反映當時學術
　　　風氣。
〔註16〕《後漢書·楊終傳》卷四十八，頁 1599。

> 諸生、諸儒會白虎觀,講議《五經》同異,使五官中郎將魏應承制
> 問,侍中淳于恭奏,帝親稱制臨決,如孝宣甘露石渠故事,作白虎
> 議奏。(卷三,頁 137～138)

章帝詔書透露出幾項有關白虎觀會議之重要訊息。第一,由於當時學術環境
已經呈現出「《五經》章句煩多」之跡象,遂有「議欲減省」之需求,且希望
「頗令學者得以自助」;而章帝下詔「太常,將、大夫、博士、議郎、郎官及
諸生、諸儒會白虎觀」,由與會者之身分言,幾乎涵蓋官方學術各層,會議盛
況可謂空前,甚至天子亦參與其中,其用心可見一斑。因此,章帝詔開白虎
觀會議之目的,主要在試圖透過會議之手段以解決當時所產生「《五經》章句
煩多」之經學問題。其次,白虎觀會議之進行,係採「諸儒共正經義」之方
式,由五官中郎將魏應承制問,侍中淳于恭奏,最後結論由章帝親稱制臨
決,希望藉此會議達到「講議《五經》同異」之目的。而這種以天子詔開會
議以討論經學問題之方式,乃是仿傚西漢宣帝甘露時之石渠故事,此亦呼應
楊終疏中所言之「宜如石渠故事,永爲後世則」之目的。因此,推論「白虎
通」之著述性質,當以討論經學相關問題爲宗旨,以「講議《五經》同異」
爲目的,並以西漢甘露石渠故事爲模仿對象。換言之:「白虎通」理應以討論
《五經》爲內容,以石渠故事爲形式範本,始能合乎史料對「白虎通」之記
載與論述。以下從漢代經學發展之脈絡,推測「白虎通」可能之著述性質,
以此比對史料記載之「白虎通」與具體文本之《白虎通》兩者間之差異。

第二節　漢代經學發展

　　溯源漢代經學發展過程,叔孫通是一位不容輕忽之人物。《史記》載叔孫
通,薛人,秦時以文學徵,待詔博士。秦二世時,因進言拜爲博士,諸儒
生反譏其言阿諛,叔孫通則辯稱「我幾不脫於虎口」。〔註17〕其後降漢,因漢高帝

〔註17〕《史記‧叔孫通列傳》:「叔孫通者,薛人也。秦時以文學徵,待詔博士。數
歲,陳勝起山東,使者以聞,二世召博士諸儒生問曰:『楚戍卒攻蘄入陳,於
公何如?』博士諸三十餘人前曰:『人臣無將,將則反,罪死無赦。願陛下急
發兵擊之。』二世怒,作色。叔孫通前曰:『諸生言皆非也。夫天下合爲一家,
毀郡縣城,鑠其兵,示天下不復用。且明主在上,法令具於下,使人人奉職,
四方輻輳,安有反者!此特群盜鼠竊狗盜耳,何足置之齒牙間?郡守尉今捕
論,何足憂?』二世喜,曰善,盡問諸生,諸生或言反,或言盜。於是二世
令御史案諸生言反者下吏,非所宜言。諸言盜者皆罷之。迺賜叔孫通帛二十

憎恨儒服，叔孫通乃變服楚製短衣，以投漢王所好。〔註18〕漢王拜叔孫通爲博士，號稷嗣君。漢五年（B.C. 202），高帝悉去秦苛儀法，群臣讙譁，舉止失禮，叔孫通建言願徵魯諸生及其弟子共起朝儀。《史記・叔孫通列傳》曰：

> 五帝異樂，三王不同禮。禮者，因時世人情爲之節文者也。故夏、殷、周之禮，所因損益可知者，謂不相復也。臣願頗采古禮與秦儀雜就之。（卷九十九，頁2722）

叔孫通以爲，三王、五帝禮、樂不同，三代之禮損益不相復，故禮之制定，乃需順應時世、人情，就其儀禮形式以規範眾人行爲，故叔孫通爲高帝所制之禮樂，乃是以當時之禮，並擷取古禮與秦儀綜合而成。此舉又遭魯生譏爲「面諛以得親貴」，叔孫通則笑魯生乃是不知時變之「鄙儒」。〔註19〕

　　漢七年（B.C. 200），長樂宮成，諸侯群臣朝十月之際，儀式進行悉依叔孫通所定之儀法，上起高帝，下至功臣文官，進退有序，行禮如儀。高帝大悅，曰：「吾迺今日知爲皇帝之貴也。」並拜叔孫通爲太常。〔註20〕叔孫通趁機進薦其弟子儒生，高帝悉以爲郎。高祖崩，惠帝即位，叔孫通「徙爲太常，定宗廟儀法。及稍定漢諸儀法，皆叔孫生爲太常所論著也」。〔註21〕《漢

匹，衣一襲，拜爲博士。叔孫通已出宮，反舍，諸生曰：『先生何言之諛也？』通曰：『公不知也，我幾不脱於虎口！』迺亡去之薛，薛已降楚矣。」〔漢〕：司馬遷撰《史記》（北京：中華書局，1982年11月），卷九十九，頁2720～2721。

〔註18〕《史記・叔孫通列傳》：「叔孫通儒服，漢王憎之，迺變其服，服短衣，楚製，漢王喜。」卷九十九，頁2721。

〔註19〕《史記・叔孫通列傳》：「於是叔孫通使徵魯諸生三十餘人，魯有兩生不肯行，曰：『公所事者且十主，皆面諛以得親貴。今天下初定，死者未葬，傷者未起，又欲起禮樂。禮樂所由起，百年積德而後可興也。吾不忍爲公所爲。公所爲不合古，吾不行。公往矣，無汙我！』叔孫通笑曰：『若眞鄙儒也，不知時變。』」卷九十九，頁2722～2723。

〔註20〕《史記・叔孫通列傳》：「漢七年，長樂宮成，諸侯群臣朝十月。儀：先平明，謁者治禮，引以次入殿門，廷中陳車騎戍卒衛官，設兵，張旗志。傳言『趨』。殿下郎中俠陛，陛數百人。功臣列侯諸將軍軍吏以次陳西方，東鄉；文官丞相以下陳東方，西鄉。大行設九賓，臚句傳。於是皇帝輦出房，百官執職傳警，引諸侯王以下至吏六百石以次奉賀。自諸侯王以下莫不震恐肅敬。至禮畢，復置法酒。諸侍坐殿上皆伏抑首，以尊卑次起上壽。觴九行，謁者言『罷酒』。御史執法舉不如儀者輒引去。竟朝置酒，無敢讙譁失禮者。於是高帝曰：『吾迺今日知爲皇帝之貴也。』迺拜叔孫通爲太常，賜金五百斤。」卷九十九，頁2723。

〔註21〕《史記・叔孫通列傳》，卷九十九，頁2725。

書‧禮樂志》曰：

> 漢興，撥亂反正，日不暇給，猶命叔孫通制禮儀，以正君臣之位。
>
> 高祖說而歎曰：「吾乃今日知爲天子之貴也！」以通爲奉常，遂定儀
> 法，未盡備而通終。〔註22〕

叔孫通於漢初所制之禮儀，作用在「正君臣之位」，範圍僅限於君臣禮儀之內；而後爲奉常，遂擴大定儀法之規模，可惜終叔孫通之世，未能竟全功，留下一部未盡完備之儀法。此部儀法雖未盡完備，然漢代亦沿用多年，直至東漢章帝改制之時，復被提出加以翻修，由此可知，叔孫通制作之儀法，影響漢代禮樂制度頗爲深遠。

　　從叔孫通事蹟之中，反映些許與禮樂制度相關之問題。第一，高祖以楚人入主漢土，鄙視儒生，與人言，常大罵，甚至「以儒冠溺器」，〔註23〕儒生動輒得咎，處境堪虞。第二，叔孫通爲漢制作之諸儀法，乃依其所習，並就古禮與秦儀雜就而成，故其儀法，對於漢代禮樂具有承先啓後之義意。第三，秦代焚書，天下唯有《易》卜，未有它書；〔註24〕復值高祖又悉去儀法爲簡易，輕視禮樂，叔孫通透迤於當權，並成功推銷儒生專業之禮樂，提升儒生在朝庭中之地位。此後，在漢代，經書所以成爲一門籠罩學術之學問，儒生所以獨佔此一學術市場，實歸功於叔孫通，故太史公亦不禁贊歎：「叔孫通希世度務，制禮進退，與時變化，卒爲漢家儒宗。」〔註25〕叔孫通雖然改善儒生之待遇，但並未立即改變當權者對儒學之態度，〔註26〕尤其自高祖統一天下以來，漢初歷經惠帝、高后、文帝、景帝等五十餘年間（B.C. 194～B.C. 141），中央採行休息政策，當權者偏好黃老之術，其後雖經魏其、武

〔註22〕〔漢〕班固：《漢書》（北京：北京中華書局，1982 年 11 月版）卷二十二，頁1030。

〔註23〕《史記‧酈生列傳》曰：「騎士曰：『沛公不好儒，諸客冠儒冠來者，沛公輒解其冠，溲溺其中。與人言，常大罵，未可以儒生說也。』」卷九十七，頁2692。

〔註24〕《漢書‧楚元王傳》載劉歆移書太常博士曰：「漢興，去聖帝明王遐遠，仲尼之道又絕，法度無所因襲。時獨有一叔孫通略定禮儀，天下唯有《易》卜，未有它書。」卷三十六，頁1968。

〔註25〕《史記‧叔孫通列傳》，卷九十九，頁2726。

〔註26〕《史記‧儒林列傳》：「故漢興，然後諸儒始得脩其經蓺，講習大射鄉飲之禮。叔孫通作漢禮儀，因爲太常，諸生弟子共定者，咸爲選首，於是喟然歎興於學。然尚有干戈，平定四海，亦未暇遑庠序之事也。」卷一百二十一，頁3117。

安、趙綰、王臧等人積極倡導儒學，〔註27〕但仍不敢以竇太后爲首之黃老道家之學，而魏其等人亦因隆推儒術而不得善終。〔註28〕

一、立《五經》博士與獨尊儒術

經學所以成爲中國學術主流典籍，儒者專斷經學之發言與資源，漢武帝與董仲舒兩人於此功不可沒；而直接促進漢代經學之昌明，〔註29〕首推武帝置《五經》博士之舉。〔註30〕《漢書・儒林傳》贊曰：

> 自武帝立《五經》博士，……初，《書》唯有歐陽，《禮》后，《易》楊，《春秋》公羊而已。（卷八十八，頁3620～3621）

所謂《五經》博士，即指《書》、《禮》、《易》、《春秋》，再加上文帝時所立之《詩》博士，〔註31〕便是武帝所立之《五經》博士。武帝立《五經》博士，無疑是將經書學官化，並經由政府之支持，使經學成爲主導所有學術最重要之選項。

博士一職，秦時已有，唯當時博士掌通古今，學貫諸子，學術領域不限於經書或專門之學，故謂之「博士」。《史記・秦始皇本紀》載：「始皇置酒咸

〔註27〕《史記・魏其武安侯列傳》：「魏其、武安俱好儒術，推轂趙綰爲御史大夫，王臧爲郎中令。迎魯申公，欲設明堂，令列侯就國，除關，以禮爲服制，以興太平。舉適諸竇宗室毋節行者，除其屬籍籍。時諸外家爲列侯，列侯多尚公主，皆不欲就國，以毀日至竇太后。太后好黃老之言，而魏其、武安、趙綰、王臧等務推儒術，貶道家言，是以竇太后滋不說魏其等。及建元二年，御史大夫趙綰請無奏事東宮。竇太后大怒，乃罷逐趙綰、王臧等，而免丞相、太尉，以柏至侯許昌爲丞相，武彊侯莊青翟爲御史大夫。魏其、武安由此以侯家居。」卷一百七，頁2843。

〔註28〕《漢書・武帝紀》建元二年載：「御史大夫趙綰坐請毋奏事太皇太后，及郎中令王臧皆下獄，自殺。丞相嬰、太尉蚡免」，（頁157）趙綰、王臧下獄自殺與魏其、武安免官，固然由於「請毋奏事太皇太后」事件而來，但是與其四人之推動儒術身分有密切關聯，東漢之應劭注此事曰：「禮，婦人不豫政事，時帝已自躬省萬機。王臧儒者，欲立明堂辟雍。太后素好黃老術，非薄《五經》。因欲絕奏事太后，太后怒，故殺之」。

〔註29〕皮錫瑞言：「經學至漢武始昌明，而漢武時之經爲最純正。」《經學歷史》（臺北：藝文印書館，1987年10月），頁62。

〔註30〕《漢書・武帝紀》曰：「五年春，罷三銖錢，行半兩錢。置《五經》博士。」卷六，頁159。

〔註31〕徐復觀在《中國經學史的基礎》書中言：「所以《儒林傳贊》言武帝立博士僅稱時『《書》唯有歐陽，《禮》后，《易》楊，《春秋》公羊而已』，未曾提到《詩》。因爲《詩》早於文帝時立了。」（臺北：臺灣學生書局，1982年5月），頁73。

陽宮，博士七十人前爲壽」，同年李斯奏之曰：

> 「臣請史官非秦紀皆燒之，非博士官所職，天下敢有藏《詩》、
> 《書》、百家語者，悉詣守、尉雜燒之。有敢偶語《詩》《書》棄
> 市。……所不去者，醫藥卜筮種樹之書。若有欲學法令，以吏爲
> 師。」制曰：「可。」（卷六，頁255）

可知，秦時博士官至少有七十人，且其所職「《詩》、《書》、百家語」。其中「百
家語」，即是指劉歆（？～23）所謂「諸子傳說」之學，〔註32〕亦是趙岐所謂
「傳記博士」之學。〔註33〕

漢既承秦制，博士官職與員額亦維持秦時之編制。〔註34〕武帝立《五經》
博士後，博士所職內容，由通古今之學轉爲作經學之師，專責一經之學術與
教授。錢穆（1895～1990）言：

> 故知其時所謂《五經》博士，乃一總名，以別於前之博士。前博
> 士掌通古今不限《五經》，此則限以《五經》爲博士也。而博士員
> 數，不限於五。有一經數博士，如《魯詩》，申公弟子爲博士者十
> 餘人；有雖列《五經》而並無博士者，如《禮》；有一博士而兼通
> 數經者，如上舉申公、董仲舒、瑕丘江公、韓嬰、褚大皆是也。
> 〔註35〕

武帝立《五經》博士，非謂《五經》各立一名博士，而是有一經數博士、或
有一博士而兼通數經、或有雖列《五經》但無博士者，〔註36〕故《五經》博

〔註32〕劉歆移書太常博士，責讓之曰：「至孝文皇帝，始使掌故朝錯從伏生受《尚
書》。《尚書》初出于屋壁，朽折散絕，今其書見在，時師傳讀而已。《詩》始
萌芽。天下眾書往往頗出，皆諸子傳說，猶廣立於學官，爲置博士。」《漢書·
楚元王傳》卷三十六，頁1968～1969。

〔註33〕趙岐《孟子題辭》曰：「孝文皇帝欲廣游學之路，《論語》、《孝經》、《孟子》、
《爾雅》皆置博士。后罷傳記博士，獨立《五經》而已。」

〔註34〕王葆玹《今古文經學新論》言：「西漢博士人數在文、景、武、昭、宣、元諸
帝的時期均保持在七十餘人的水準上，在成帝時期有所減少改變爲清一色的
"儒林之官"」。（北京：中國社會科學出版社，1997年11月），頁221。

〔註35〕錢穆：《兩漢經學今古文平議》，《錢賓四先生全集》第八冊（臺北：聯經出版
事業公司，1998年5月），頁210。

〔註36〕錢穆考證《儒林傳》中武帝所立之「《五經》博士」言：「而漢廷自后蒼以前，
治禮者僅有大夫，無博士。即以后蒼言，其爲博士已在孝宣時。（〈百官公卿
表〉：「孝宣本始二年博士后蒼爲少府。」距武帝辛巳十五年；距始立《五經》
博士，則六十四年也。）而《儒林傳》詳后蒼事於《齊詩》之系。是謂后蒼
通《禮》，而以《齊詩》爲博士，猶如江公雖通《穀梁》而以《魯詩》爲博士

士，乃是一個總稱，專指以《五經》爲業之博士。因此，「《五經》博士」一辭，乃是後起之概念，用以區別百家語之「雜學博士」。〔註37〕然而，武帝雖置《五經》博士，但並未罷黜其他諸子傳記之「百家語」；至於倡導「罷黜百家、獨尊儒術」者，乃是董仲舒，兩者不可混爲一說。

董仲舒（B.C. 179？～B.C. 104？）之積極倡導儒學，乃是西漢儒學興盛之關鍵人物。《史記・儒林列傳》曰：「唯董仲舒名爲明於《春秋》，其傳公羊氏也。」（卷一百二十一，頁 3128）《漢書・董仲舒傳》記載董仲舒應武帝之〈對策〉曰：

> 《春秋》大一統者，天地之常經，古今之通誼也。今師異道，人異論，百家殊方，指意不同，是以上亡以持一統；法制數變，下不知所守。臣愚以爲諸不在六藝之科、孔子之術者，皆絕其道，勿使並進。邪辟之說滅息，然後統紀可一，而法度可明，民知所從矣。（卷五十六，頁2523）

董仲舒在「天人三策」中，以《春秋》大一統之觀念，建議武帝禁絕百家之言，而以「六藝之科」、「孔子之術」爲統紀、法度之唯一治術。武帝立《五經》博士時，尚未禁絕其他學術發展，而董仲舒之「獨尊儒術」，乃有意壓縮諸子傳記百家之言，滅息「六藝之科」、「孔子之術」以外之學術，將儒學與《五經》推向前所未有之高峰。

此處有一問題需稍加說明。依《漢書》所載，武帝「置《五經》博士」在建元五年（B.C. 136），而董仲舒對武帝三策當在元光元年（B.C. 134），〔註38〕從兩者發生之時間先後看，武帝置「五經」博士與董仲舒對策似無因果關係。然《漢書・董仲舒傳》云：

> 也。則自后蒼以前，無以《禮經》爲博士者。」《兩漢經學今古文平議》，頁209～210。
>
> 〔註37〕《中國經學史的基礎》言：「武帝在建元五年（B.C. 138）未置五經博士以前所置博士，『取學通行修、博學多藝、曉古文、《爾雅》，能屬文章者爲高第。』這雖注入有當時學術風氣的特性，但依然是承『博學於文』的傳統而推演下來的，也與戰國之初，博士出現以後的基本性格，是約略相同的。我把在這一長期所出現的博士，方便稱之爲『雜學博士』，這是博士演變的第一階段。」頁71。
>
> 〔註38〕《漢書・武帝紀》載（元光元年）：「五月，詔賢良曰：『……賢良明於古王今王事之體，受策察問，咸以書對，著之於篇，朕親覽焉。』於是董仲舒、公孫弘出焉。」（頁160～161）；又《漢書・董仲舒傳》載：「武帝即位，舉賢良文學之士前後百數，而仲舒以賢良對策焉」，頁2495。

> 自武帝初立，魏其、武安侯爲相而隆儒矣。及仲舒對冊，推明孔氏，
> 抑黜百家。立學校之官，州郡舉茂材孝廉，皆自仲舒發之。（卷五十
> 六，頁 2525）

班固將武帝「抑黜百家、立學校之官」推爲董仲舒對策之功，顯然是溢美之
辭，並非實情。〔註39〕

　　若依上述推論，武帝置《五經》博士在前，董仲舒對策在後，則董仲舒
之賢良對策，對於漢代經學並無開創之功。於此，徐復觀（1903～1982）有
不同見解：

> 〈武帝紀〉將仲舒〈對策〉，繫於元光元年（B.C. 134），即在立五經
> 博士之後二年，若如此，則仲舒在〈對策〉中「皆絕其道，勿使並
> 進」之言，即是勿使習諸子百家之言的學者，得與儒者並進而爲博
> 士之言，爲無的放矢。因爲既已立五經博士，即是已經不使習諸子
> 百家之言者得以並進。所以王先謙在〈武帝紀〉「於是董仲舒、公孫
> 弘等出焉」下謂：「仲舒對策，實在建元元年（B.C. 140），無可疑
> 者」，這是正確的。改變有長久歷史的雜學博士爲五經博士，是一件
> 大事；仲舒〈對策〉後四年始見實行，這是合於情理的。〔註40〕

依徐復觀推論，董仲舒〈對策〉應在武帝立《五經》博士之前（B.C. 140），
否則〈對策〉中所指「皆絕其道，勿使並進」便是無的放矢；因爲既已立《五
經》博士，即是已經不使習諸子百家之言者得以並進，故武帝應是從董仲舒
〈對策〉之議，而於四年後始立《五經》博士，如此始能合理解釋董仲舒〈對
策〉之議。

　　其實，徐復觀之疑慮並不難解答。武帝置《五經》博士只在增加《五經》
之博士席位，當時並未同時罷黜諸子傳記博士，或者排擠博士之員額，故《五
經》博士與諸子傳記博士在當時應同時並存。而董仲舒在武帝置《五經》博
士後之基礎上，於二年後（B.C. 134）之〈對策〉中，建議武帝「獨尊儒術」，
應以「六藝之科」、「孔子之術」爲統紀，更進一步要求武帝應「罷黜百家」，

〔註39〕劉汝霖考證言：「即按本文而言，明誌於魏其武安侯爲相之後，則至早亦當在建
　　　　元六年六月之後。且『臨政願治，七十餘載。』之文，亦須於建元五年之後方
　　　　合。《禮樂志》又言仲舒對策之後『是時上方征討四夷，銳志武功，不暇留意禮
　　　　文之事。』則仲舒之言，蓋未嘗見用，更足證明本傳所言爲歸美之辭矣」，《漢
　　　　晉學術編年》（上海：上海書店據商務印書館，1935 年版影印），頁 21。
〔註40〕《中國經學史的基礎》，頁 74～75。

禁絕百家之言，「皆絕其道，勿使並進」，以期達到「獨尊儒術」之目標。董仲舒言「皆絕其道，勿使並進」之對象，乃是指除《五經》博士以外之諸子傳記博士之學。因此，武帝立《五經》博士在前，只是提升經學博士之獨立地位；而董仲舒之〈對策〉在後，則是「乘勝追擊」，希望營造經學獨攬學術資源之環境。此一解釋，不僅符合史書記載，同時亦可合理說明董仲舒〈對策〉之用心，更可以接間證明武帝時雖立《五經》博士，但是仍未有廢黜諸子傳記博士之實。

姑且不論武帝立《五經》博士是否從董仲舒〈對策〉之議，董仲舒於西漢儒學卻仍有推波助瀾之功，甚至儼然成為一代儒家宗師。〔註41〕若謂武帝立《五經》博士促使儒學逐漸壟斷學術市場，則董仲舒倡「罷黜百家，獨尊儒術」便是導致經學內部分歧之催化劑。武帝與董仲舒使經學學官化，窄化學術範圍，更以利祿勸誘儒生將畢生精力投注於經書之詮釋，致使詮釋經書之系統日益深化，系統派別愈見分歧。

二、《公羊》、《穀梁》之爭

武帝所立之《五經》博士計有：《詩》有魯、齊、韓三家，《書》歐陽氏，《禮》后氏，《易》楊氏，《春秋》公羊氏，共七博士。至宣帝有十二博士，元帝有十三博士，〔註42〕至東漢光武帝時，博士增至十四家之多。《後漢書·儒林列傳》曰：

> 及光武中興，愛好經術，……於是立《五經》博士，各以家法教授，《易》有施、孟、梁丘、京氏，《尚書》歐陽、大小夏侯，《詩》齊、魯、韓，《禮》大小戴，《春秋》公羊嚴、顏，凡十四博士，太常差次總領焉。（卷七十九上，頁2545）

《後漢書·百官志》載：

> 博士十四人，比六百石。本注曰：《易》四，施、孟、梁丘、京氏。《尚書》三，歐陽、大小夏侯氏。《詩》三，魯、齊、韓氏。

〔註41〕《漢書·董仲舒傳》引劉歆之贊曰：「仲舒遭漢承滅學之後，六經離析，下帷發憤，潛心大業，令後學者有所統壹，為群儒首」，頁2526。

〔註42〕《漢書·儒林傳》卷八十八：「至孝宣世，復立大、小夏侯《尚書》，大、小戴《禮》，施、孟、梁丘《易》，穀梁《春秋》。至元帝世，復立京氏《易》。平帝時，又立左氏《春秋》、毛《詩》、逸《禮》、古文《尚書》，所以罔羅遺失，兼而存之，是在其中。」頁3621。

《禮》二，大小戴氏。《春秋》二，公羊嚴、顏氏。（志二十五，頁
3572）〔註43〕

由於武帝立《五經》博士，以祿利勸誘學者專注於經學，致使經學大興；
〔註44〕而博士官之員額有增無減，博士弟子員額亦隨之增設，〔註45〕更令經
學達到極盛時代。經學極盛之結果，意味著經學博士集團規模與勢力擴大，
同時對《五經》之詮釋系統益見分歧。而在詮釋經學之爭議上，最早引發且
引發最激烈之爭辯者，莫過於《春秋》學門，《春秋》經所引發之學術爭議，
導致漢代有所謂「經學會議」之產生，是漢代辯論經學之典型代表。

武帝所立《春秋》博士為公羊氏，而董仲舒「少治《春秋》，孝景時為博
士」，「唯董仲舒名為明於《春秋》，其傳公羊氏也」；公孫弘則是「以治《春
秋》為丞相封侯，天下學士靡然鄉風」，〔註46〕兩者分別治《春秋》傳而得武
帝賞識。《漢書·儒林傳》曰：

> 瑕丘江公受《穀梁春秋》及《詩》於魯申公，傳子至孫為博士。武
> 帝時，江公與董仲舒並。仲舒通《五經》，能持論，善屬文。江公呐
> 於口，上使與仲舒議，不如仲舒。而丞相公孫弘本為公羊學，比輯
> 其議，卒用董生。於是上因尊《公羊》家，詔太子受《公羊春秋》，
> 由是《公羊》大興。（卷八十八，頁3617）

此乃《公羊》學與《穀梁》學首次交鋒。董仲舒治《公羊春秋》，瑕丘江公則
受《穀梁春秋》於魯申公，〔註47〕武帝令二人對議。史書不載二人對議之內

〔註43〕有關東漢五經十四博士，請參考劉汝霖《漢晉學術編年》上冊卷四，頁21～
22。

〔註44〕《後漢書·儒林傳》曰：「自武帝立《五經》博士，開弟子員，設科射策，勸
以官祿，訖於元始，百有餘年，傳業者寖盛，支葉蕃滋，一經說至百餘萬言，
大師眾至千餘人，蓋祿利之路然也。」頁3620～3621。

〔註45〕《漢書·儒林傳》：「昭帝時舉賢良文學，增博士弟子員滿百人，宣帝末增倍
之。元帝好儒，能通一經者皆復。數年，以用度不足，更為設員千人，郡國
置《五經》百石卒史。成帝末，或言孔子布衣養徒三千人，今天子太學弟子
少，於是增弟子員三千人。歲餘，復如故。平帝時王莽秉政，增元士之子得
受業如弟子，勿以為員，歲課甲科四十人為郎中，乙科二十人為太子舍人，
丙科四十人補文學掌故云。」頁3596。

〔註46〕《漢書·儒林傳》卷八十八，頁3593。

〔註47〕《漢書·儒林傳》卷八十八：「申公，魯人也。少與楚元王交俱事齊人浮丘伯
受《詩》。……申公卒以《詩》、《春秋》授，而瑕丘江公盡能傳之，徒眾最
盛。」頁3608。是知魯申公所傳《春秋》為《穀梁》學，而瑕丘江公能傳魯
申公之學。

容，但其結果乃江公不如董仲舒，於是武帝崇尙《公羊》家，並詔太子受《公羊春秋》，《公羊》學因董仲舒而大興。

至宣帝時代，《穀梁》家復挑戰《公羊》家之權威地位。〔註48〕至甘露元年（B.C. 53），宣帝乃下詔諸儒以經義平《公羊》、《穀梁》之異同。《漢書‧儒林傳》載：

> 至甘露元年，……乃召《五經》名儒太子太傅蕭望之等大議殿中，平《公羊》、《穀梁》同異，各以經處是非。時《公羊》博士嚴彭祖、侍郎申輓、伊推、宋顯，《穀梁》議郎尹更始、待詔劉向、周慶、丁姓並論。《公羊》家多不見從，願請內侍郎許廣，使者亦並內《穀梁》家中郎王亥，各五人，議三十餘事。望之等十一人各以經誼對，多從《穀梁》。由是《穀梁》之學大盛。慶、姓皆爲博士。（卷八十八，頁 3618）

宣帝召諸儒大議於殿中，主要目的在「平《公羊》、《穀梁》同異」，出席成員主要分成：以博士嚴彭祖爲首之《公羊》家四人，與以議郎尹更始爲首之《穀梁》家四人二派。因《公羊》家「多不見從」，願請許廣加入其陣容，隨後《穀梁》家亦增加王亥，二派人數同爲五人。雙方爭論三十餘事之結果，蕭望之等十一人各以《春秋》經義持論，多從《穀梁》，復以宣帝偏好《穀梁》學說，由是《穀梁》之學大盛，並使周慶、丁姓二人升爲博士，《穀梁》家躍升成爲《五經》博士之一。〔註49〕

繼「平《公羊》、《穀梁》同異」後二年，學界更擴大討論範圍至《五經》同異。《漢書‧宣帝紀》載甘露三年（B.C. 51）：

> 詔諸儒講《五經》同異，太子太傅蕭望之等平奏其議，上親稱制臨決焉。乃立梁丘《易》、大小夏侯《尙書》、穀梁《春秋》博士。（卷八，頁 272）

此次會議乃由宣帝下詔諸儒會石渠閣，主要在講論《五經》同異問題，由蕭望之平奏其議，宣帝親自「稱制臨決」，史稱此事件爲「石渠閣會議」，或謂

〔註48〕《漢書‧儒林傳》卷八十八：「宣帝即位，聞衛太子好《穀梁春秋》，以問丞相韋賢、長信少府夏侯勝及侍中樂陵侯史高，皆魯人也，言穀梁子本魯學，公羊氏乃齊學也，宜興《穀梁》。時千秋爲郎，召見，與《公羊》家並說，上善《穀梁》說，……」頁 3618。

〔註49〕《漢書‧儒林傳》卷八十八：「至孝宣世，復立大、小夏侯《尙書》，大、小戴《禮》，施、孟、梁丘《易》，穀梁《春秋》。」頁 3621。

「石渠故事」。(有關石渠閣會議細節,詳見第陸章。)

《公羊》、《穀梁》兩家在二次辯論中,兩家各有勝負,前者董仲舒勝江公,《公羊》由是大興;後者尹更始等勝嚴彭祖等,《穀梁》之學由是大盛。武帝時立《公羊》博士終於漢世,宣帝時雖立《穀梁》博士,然終不敵《公羊》學強勢,而由此一角度省察漢代經今古文之爭,更可深入了解箇中實質意義。

三、經今古文之爭

經文所以有今、古之分,主要來自於武帝置《五經》博士後,博士們以當時流行之「隸書」寫定經書傳本,此後,民間相繼出現與《五經》相關之古書,這些古書是用秦統一天下以前六國使用之「古籀」寫成,爲區分兩者之不同,後世遂以「今文經」稱武帝時博士寫定之經書,而以「古文經」指後來出現之經書,此乃大概之分野。然而,今文經可能有古文祖本,古文經亦可能有今文寫本,若是僅以經書之寫定分判今文或古文,或是著眼於該經書之祖本是否爲古文,皆不足以區分其爲今文經抑或古文經。王葆玹對經今、古文之分別,另定一套判準言:「所謂今文經僅限于漢武帝元朔五年或稍遲寫定的經書今文寫本,除此之外,凡有古文祖本的經書傳本,不論是隸體還是古籀,都可能屬于古文經的範圍。」〔註50〕今文經與古文經之區分,不僅在於書寫字體之不同,「而且字句有不同,篇章有不同,書籍有不同,書籍中的意義有大不同;因之,學統不同,宗派不同,對於古代制度以及人物各各不同;而且對於經書的中心人物,孔子,各具完全不同的觀念」,〔註51〕由此而引伸出所謂「今學」與「古學」之概念。〔註52〕

古文經雖在漢初已陸續問世,並有傳本,唯當時束之秘府,其學既未得立博士,其書傳亦未編入學官之列。至西漢末哀帝綏和二年(B.C. 7),劉向卒,同年其子劉歆受詔領校秘書,建平元年(B.C. 6),〔註53〕劉歆發見古文

〔註50〕《今古文經學新論》,頁61。

〔註51〕周予同:《經學史論著選集》(上海:上海人民出版,1983年11月),頁2。

〔註52〕錢穆即懷疑東漢經學有所謂今文、古文之分,但有「今學」、「古學」之辨;言:「……由是言之,治章句者爲『今學』,此即博士之官各家有師說之學也。其時光武方好圖讖,故官學博士亦不得不言圖讖,圖讖與章句本非一業,而在東漢初葉則同爲隨時干祿所需,故合稱之曰『章句内學』,其不治章句者則爲『古義』,『古義』即『古學』也。」《兩漢經學今古文平議》,頁236。

〔註53〕錢穆考證劉歆請建立《左氏春秋》、《毛詩》、《逸禮》、《古文尚書》,及移書讓

經籍，遂請求朝廷復立古文經博士。自劉歆發難爲古文經學爭取學官地位，
至東漢白虎觀會議爲止，古文經學逐次壯大，足以抗衡今文經學，甚至引發
學術界一連串激烈爭辯，史稱「今古文之爭」。〔註54〕

今古文經之爭論，肇始於劉歆。《漢書·楚元王傳》載：

> 及歆校秘書，見古文《春秋左氏傳》，歆大好之。……歆以爲左丘明
> 好惡與人同，親夫子，而公羊、穀梁在七十子後，傳聞之與親見之，
> 其詳略不同。歆數以難向，向不能非問也，然猶自持其《穀梁》義。
> 及歆親近，欲建立《左氏春秋》及《毛詩》、《逸禮》、《古文尚書》
> 皆列於學官。哀帝令歆與《五經》博士講論其義，諸博士或不肯置
> 對。（卷三十六，頁 1967）

劉歆因領秘書，欲將古文經傳《左氏春秋》、《毛詩》、《逸禮》、《古文尚書》
推薦於博士學官之上。哀帝令劉歆與諸經學博士討論，遭諸博士反對，於是
劉歆移書太常博士，責讓之曰：

> 及魯恭王壞孔子宅，欲以爲宮，而得古文於壞壁之中，《逸禮》有三
> 十九，《書》十六篇。天漢之後，孔安國獻之，遭巫蠱倉卒之難，未
> 及施行。及《春秋》左氏丘明所修，皆古文舊書，多者二十餘通，
> 臧於秘府，伏而未發。孝成皇帝閔學殘文缺，稍離其眞，乃陳發秘
> 臧，校理舊文，得此三事，以考學官所傳，經或脫簡，傳或間編。……
> 往者綴學之士不思廢絕之闕，苟因陋就寡，分文析字，煩言碎辭，
> 學者罷老且不能究其一藝。信口說而背傳記，是末師而非往古，至
> 於國家將有大事，若立辟雍封禪巡狩之儀，則幽冥而莫知其原。猶
> 欲保殘守缺，挾恐見破之私意，而無從善服義之公心，或懷妒嫉，
> 不考情實，雷同相從，隨聲是非，抑此三事，以《尚書》爲備，謂
> 左氏爲不傳《春秋》，豈不哀哉！（《漢書·楚元王傳》卷三十六，
> 頁 1969～1970）

太常博士二事，在哀帝建平元年，《兩漢經學今古文平議》，頁 74。黃彰健《經
今古文學問題新論》則以爲劉歆建議之事應在哀帝綏和二年。（臺北：中央研
究院歷史語言研究所，1992 年 9 月），頁 19～23。

〔註54〕 周予同歸納自劉歆至東漢之末，今古文經之爭論，舉其最重要者有四：「第一
次是劉歆（古）和太常博士們（今）爭立《毛詩》、《古文尚書》、《逸禮》、《左
氏春秋》。第二次是韓歆、陳元（古）和范升（今）爭立《費氏易》及《左氏
春秋》。第三次是賈逵（古）和李育（今），第四次是鄭玄（古）和何休（今）
爭論《公羊傳》及《左氏傳》的優劣。」《經學史論著選集》，頁 10。

劉歆書中申明古文經傳來歷，《逸禮》、《書》、《左氏春秋》等古書，皆藏於秘府，伏而未發，而這批古文書適可以考學官所傳「經或脫簡，傳或間編」之失。書中並痛陳當時章句之學「因陋就寡，分文析字，煩言碎辭，學者罷老且不能究其一藝」之弊病，而太常博士則是保殘守缺、不考情實，「信口說而背傳記，是末師而非往古」，猶「專己守殘，黨同門，妒道眞，違明詔，失聖意，以陷於文吏之議」。（卷三十六，頁 1971）劉歆此書一出，引發光祿大夫龔勝自責罷官，而大司空師丹則怒斥劉歆「改亂舊章，非毀先帝所立」。（卷三十六，頁 1972）劉歆忤執政大臣，爲諸儒所謗，最後只得請求補吏爲河內太守。劉歆移書雖然指陳古文經之優點與太常博士經學之諸多流弊，然其言並非有意標舉「古文經」以對抗或排斥所謂「今文經」，進而造成今、古文之對立；而是極力倡言古文舊書概與太常博士諸經同類，可正「經或脫簡，傳或間編」之失，以廣道術。〔註 55〕劉歆移書雖無意挑戰太常博士獨攬學官之地位，抵觸博士之權威，招致博士們群情激憤，故欲立古文經列於學官之目的，終究無法如願。

　　雖然劉歆移書未能使古文經立於學官，然古文經曾有一度嶄露頭角。西漢末平帝元始四年（4），《漢書·王莽傳》載：

　　　是歲，莽奏起明堂、辟雍、靈臺，爲學者築舍萬區，作市、常滿倉，
　　　制度甚盛。立《樂經》，益博士員，經各五人。徵天下通一藝教授十
　　　一人以上，及有逸《禮》、古《書》、《毛詩》、《周官》、《爾雅》、天
　　　文、圖讖、鍾律、月令、兵法、《史篇》文字，通知其意者，皆詣公
　　　車。網羅天下異能之士，至者數千人，皆令記說廷中，將令正乖繆，
　　　壹異說云。（卷九十九上，頁 4069）

元始五年（5），平帝死前，封劉歆、王惲等爲列侯，並「徵天下通知逸禮、古記、天文、曆數、鍾律、小學、《史篇》、方術、《本草》及以《五經》、《論語》、《孝經》、《爾雅》教授者，在所爲駕一封軺傳，遣詣京師，至者數千人」，〔註 56〕其旨與王莽上奏之事如出一轍。平帝死後（元始五年十二月），王莽爲

〔註55〕錢穆言：「自歆言之，《公》、《穀》、《左氏》，其爲《春秋》一經之傳則一也。
　　　　孔壁《尚書》之與伏生《尚書》，其爲往古舊書亦一也。烏嘗以己所爭立者爲
　　　　『古文』，而排詆先所立者爲『今文』乎？蓋其時博士經學本無今文、古文之
　　　　爭，歆之爭立諸經，亦猶如石渠議奏時之爭立《穀梁春秋》，故成帝曰：『歆
　　　　意欲廣道術』也。」《兩漢經學今古文平議》，頁 233。
〔註56〕《漢書·平帝紀》卷十二，頁 359。

安漢公居攝踐阼，劉歆為國師，又立《左氏春秋》、《毛詩》、《逸禮》、《古文尚書》於學官，〔註57〕古文經終於得到學術地位，但為期甚短。至東漢光武帝執政，所列《五經》十四博士皆今文經，〔註58〕《左氏春秋》、《毛詩》、《逸禮》、《古文尚書》諸古文經顯然已遭廢除。

　　繼劉歆移書之後，東漢建武初，尚書令韓歆上疏欲立《費氏易》、《左氏春秋》博士學官，光武帝下詔公卿、大夫、博士會議於雲臺。博士范升對光武帝曰：「《左氏》不祖孔子，而出於丘明，師徒相傳，又無其人，且非先帝所存，無因得立。」〔註59〕崇孔子抑左氏之今文學家論調鮮明，極力反對《左氏》立博士，退而奏曰：

> 近有司請置《京氏易》博士，群下執事，莫能據正。《京氏》既立，《費氏》怨望，《左氏春秋》復以比類，亦希置立。《京》、《費》已行，次復《高氏》，《春秋》之家，又有《騶》、《夾》。如令《左氏》、《費氏》得置博士，《高氏》、《騶》、《夾》，《五經》奇異，並復求立，各有所執，乖戾分爭。從之則失道，不從則失人，將恐陛下必有猒倦之聽。〔註60〕

范升以為《左氏》淺末，非《五經》之本，立《左氏》博士官徒增爭執，非當務之急。陳元則反唇譏范升是：「前後相違，皆斷截小文，媒蘗微辭，以年數小差，掇為巨謬，遺脫纖微，指為大尤，抉瑕摘釁，掩其弘美，所謂『小辯破言，小言破道』者也。」〔註61〕陳元以為，左丘明孤學少與，《左氏》親受於孔子，而《公羊》、《穀梁》傳聞於後世，天子宜詔立《左氏》博詢眾言，以示不專，以廣道術。陳元並以漢武帝雖好《公羊》，而衛太子獨好《穀梁》，

〔註57〕《漢書・儒林傳》卷八十八載：「平帝時，又立《左氏春秋》、《毛詩》、逸《禮》、古文《尚書》。」頁3621；又載：「孔氏有古文《尚書》，孔安國以今文字讀之，因以起其家逸《書》，得十餘篇，蓋《尚書》茲多於是矣。遭巫蠱，未立於學官。……庸生授清河胡常少子，以明《穀梁春秋》為博士，部刺史，又傳《左氏》。常授虢徐敖。敖為右扶風掾，又傳《毛詩》，……王莽時，諸學皆立。劉歆為國師，璜、惲等皆貴顯。」頁3607。

〔註58〕有關東漢《五經》十四博士，可參考《漢晉學術編年》上冊卷四「十四博士表」，頁21～22；今文經傳授概況，可參考裴普賢《經學概述》之「今文經傳授系統表」，（臺北：開明書局，1969年3月初版），頁214～221，古文經頁222～223。

〔註59〕《後漢書・范升傳》卷三十六，頁1228。

〔註60〕《後漢書・范升傳》卷三十六，頁1228。

〔註61〕《後漢書・陳元傳》卷三十六，頁1231。

宣帝開石渠閣而興《穀梁》，至今與《公羊》並存爲例，言先帝各有所立，不必其相因襲，建立《左氏》可以「解釋先聖之積結，洮汰學者之累惑」，與先帝所立不相妨礙。光武帝見陳元奏書，又下詔論議，范、陳二人相辯難凡十餘次，結果，光武帝以立《左氏》、陳元爲博士第一結束這場紛爭。只是諸儒論議依舊讙譁，數度廷上抗爭，《左氏》旋即又廢。《左氏》立於學官一事雖然只是曇花一現，但此事不僅有助於古文學之學術地位，尤其是對太常博士今文學派，產生極大威脅。《左氏》學改變西漢以來解《春秋經》之爭論焦點，從《公羊》與《穀梁》學官之爭，轉而成《公羊》與《左氏》義理之辯，成爲古文學對抗今文學重要典籍之一。

　　基本上，劉歆欲立古文經於學官時，不忘強調古文舊書與博士諸經同類，立古文經可正「經或脫簡，傳或間編」之失；而陳元欲立《費氏易》、《左氏春秋》於學官，亦旨在「解釋先聖之積結，洮汰學者之累惑」，與先帝所立不相妨礙。因此，劉、陳兩人欲立古文經於學官之立場頗爲接近，皆旨在爭取古文經在學術界之地位與政治資源，無意與太常博士爲敵。然而，古文經在爭取權益之過程中，勢必影響今文博士之權威地位，兩派之爭亦無可避免。再者，劉、陳兩人前後相繼爲古文經辯護，旨在爭取博士學官，其中並未涉及今古文學說之義理長短；至若以經文義理一較長短，則是以第三次賈逵與李育之辯論爲代表。

　　章帝建初元年（76），賈逵受詔入白虎觀、雲臺講學，賈逵以「《左氏》義深於君父，《公羊》多任於權變」之大義長於其他兩傳爲說，深獲章帝喜愛，並具條奏之曰：

> 臣以永平中上言《左氏》與圖讖合者，先帝不遺芻蕘，省納臣言，寫其傳詁，藏之秘書。……至光武皇帝，奮獨見之明，興立《左氏》、《穀梁》，會二家先師不曉圖讖，故令中道而廢。凡所以存先王之道者，要在安上理民也。今《左氏》崇君父，卑臣子，彊幹弱枝，勸善戒惡，至明至切，至直至順。且三代異物，損益隨時，故先帝博觀異家，各有所採。《易》有施、孟，復之梁丘，《尚書》歐陽，復有大小夏侯，今三傳之異亦猶是也。又《五經》家皆無以證圖讖明劉氏爲堯後者，而《左氏》獨有明文。《五經》家皆言顓頊代黃帝，而堯不得爲火德。《左氏》以爲少昊代黃帝，即圖讖所謂帝宣也。如令堯不得爲火，則漢不得爲赤。其所發明，補益實多。（《後漢書·

賈逵傳》，卷三十六，頁 1237）

依賈逵論《左氏》之大義長於《公羊》、《穀梁》兩傳，其要有二：其一，《左氏》所載與圖讖合，證明漢劉爲堯後，其所闡發，可以補益《五經》；此外，賈逵奏書之中極力倡言圖讖，以爲光武所興立之《左氏》、《穀梁》，因兩家先師「不曉圖讖」，方使兩書中道而廢；今《左氏》獨有明文「以證圖讖明劉氏爲堯後者」，乃《五經》家皆無者，故《左氏》可以補《五經》家之不足。其二，《左氏》「崇君父，卑臣子，彊幹弱枝，勸善戒惡」，適合帝王統治國家之需要。依賈逵之意，當時《易》、《尚書》皆有三家之異，並行於世；《左氏》之於其他兩傳，「其所發明，補益實多」，《春秋》三傳亦當如《易》、《尚書》三家之異，可同時並立於學官。然而，李育杯葛賈逵，作《難左氏義》四十一事，陳述《左氏》雖樂文采，然不得聖人深意，陳元、范升之徒多引圖讖而不據理體。賈、李兩人之衝突，蔓延至建初四年（79）對簿白虎觀上，李育「以《公羊》義難賈逵，往返皆有理證」，〔註62〕《左氏》欲立於學官之事，又告失敗。

　　賈逵欲立《左氏》於學官之願望，雖然落空，但卻影響東漢經學史上兩件大事。其一：提升古文經之學術地位。《後漢書·儒林列傳》載：

> 建初中，大會諸儒於白虎觀，考詳同異，……又詔高才生受《古文尚書》、《毛詩》、《穀梁》、《左氏春秋》，雖不立學官，然皆擢高第爲講郎，給事近署，所以網羅遺逸，博存眾家。（卷七十九上，頁2546）

建初八年（83），《後漢書·章帝紀》詔曰：

> 《五經》剖判，去聖彌遠，章句遺辭，乖疑難正，恐先師微言將遂廢絕，非所以重稽古，求道眞也。其令群儒選高才生，受學《左氏》、《穀梁春秋》、《古文尚書》、《毛詩》，以扶微學，廣異義焉。（卷三，頁 145）

古文經學雖未得立於學官，至少得到帝王片面肯定，同時朝廷也安排另一種升遷管道，提供古文學家安身立命之處，賈逵本身便是此一舉措受惠者之一。〔註63〕賈逵以《左氏》明漢爲堯後，深獲章帝賞識；又因對古文經傳

〔註62〕《後漢書·儒林列傳》卷七十九下，頁 2582。

〔註63〕《後漢書·賈逵列傳》卷三十六：「鄭、賈之學，行乎數百年，遂爲諸儒宗，亦徒有以焉爾。桓譚以不善讖流亡，鄭興以遜辭僅免，賈逵能附會文致，最

所做貢獻,遷爲衛士令;建初八年,賈逵更因章帝下詔高才生受《左氏》、《穀梁春秋》、《古文尙書》、《毛詩》,此四書遂行於世,而所受之高才生,「皆拜逵所選弟子及門生爲千乘王國郎,朝夕受業黃門署,學者皆欣欣羨慕焉」。〔註64〕

其二:賈逵與李育之爭,接間促成白虎觀經學會議之詔開。從漢代經學發展歷程看,以天子名義所詔開之經學會議,泰半與詮釋《五經》之代表性、博士學官之增減、以及由師法、家法所引伸出之章句之學有關。章帝詔開白虎觀會議,乃有感於當時楊終所謂「章句之徒,破壞大體」之學術環境,致使有「《五經》章句煩多,議欲減省」之要求,且「欲使諸儒共正經義」,於是詔諸儒「講議《五經》同異」,其目的在統一經說,效法「如石渠故事,永爲後世則」。因此,白虎觀會議不僅在解決李、賈間古今文之爭,由章句之學引發之學術流弊,而急於減省章句之學之殷切期盼,才是白虎觀會議詔開之主要動機。

四、章句之學與白虎觀會議

今文經雖然是以「隸書」寫定而成,但由於經書年代久遠,經義難明,須藉助師生口傳祕訣,非循師說,諸生無以自得,因此,在漢代形成一種重視師法與家法傳統之經學體系。皮錫瑞(1850～1908)曰:

> 前漢重師法,後漢重家法。先有師法,而後能成一家之言。師法者,
> 溯其源;家法者,衍其流也。〔註65〕

所謂「師法」,是博士以詮釋經書爲根本,由此發展出一套解經之學說,博士以此學說教授諸生,諸生則奉此學說爲師法,故師法必溯其源。「家法」者,乃是諸生既從師說,其後又各自發展出一種解經書或解師說之方法,且能成一家之言,故家法必衍其流。然而,無論是師法或是家法,皆必以經書文本爲根本。馬宗霍言:

> 或謂前漢多言師法,而後漢多言家法,師法家法,名可互施,然學
> 必先有所師,而後能成一家之言,若論其審,則師法者溯其源,家
> 法者衍其流,其間蓋微有不同。(章帝建初四年詔曰,漢承暴秦,褒

差貴顯」,頁1241。
〔註64〕《後漢書·賈逵列傳》卷三十六,頁1239。
〔註65〕《經學歷史》,頁139。

顯儒術，建立《五經》，爲置博士，其後學者雖曰承師，亦別名家。
案此即師法與家法不同之證。）今以《漢書・儒林傳》證之，凡言
某經有某氏之學者，大抵皆指師法；凡言某家有某氏之學者，大抵
皆指家法。〔註66〕

蓋師法與家法之區別，乃在於以《五經》博士之學說爲學習對象者，如謂
「凡言某經有某氏之學者」，即稱師法；如《漢書・儒林傳》載胡毋生曰：
「弟子遂之者，蘭陵褚大，東平嬴公，廣川段仲，溫呂步舒，大至丞相長
史，唯嬴公守學，不失師法。」（卷八十八，頁3616）意指胡毋生弟子雖眾，
唯嬴公遵守胡毋生所傳，不墜其師胡毋生之學，故曰「不失師法」。後學諸生
從經學博士之說，且能成就另一學說者，如謂「凡言某家有某氏之學者」，即
指家法；如《後漢書・章帝紀》所載：「其後學者精進，雖曰承師，亦別名
家。」李賢注曰：「言雖承一師之業，其後觸類而長，更爲章句，則別爲一家
之學。」（卷三，頁138）後學者既承一師之業，且能作章句，別爲一家之學，
此學即是家法。

　　然而，無論是師法或者家法，皆是一種解經理論，皮錫瑞謂西漢重師
法，東漢重家法，其實無論重師法或家法，無非是在強調師生之倫理關係，
諸生從經師學習，猶如子之從父，子無逆父之理，諸生當以師說是命。因
此，諸生在學習師法過程之中，若能成一家之言者，此一家之言亦不可悖逆
師法。如《漢書》載孟喜之際遇：「博士缺，眾人薦喜。上聞喜改師法，遂不
用喜。」（卷八十八，頁3599）孟喜因不循師法，隨意修改，致使孟喜喪失得
博士官之機會，師法之嚴格可見一斑。「所謂師法、家法，簡單地說就是傳經
者必須嚴守老師的經說，不得任意更改，不能參雜異說。若不遵家法、師
法，立即會被取消博士資格」。〔註67〕反之，能守師說家法，且能成一家之言
者，則可得到獎勵。如《漢書・儒林傳》載，張山拊之弟子所學云：「（張）
無故善修章句，爲廣陵太傅，守小夏侯說文。（秦）恭增師法至百萬言，爲城
陽內史。」（卷八十八，頁3605）張無故能守小夏侯之說，並善修章句，爲廣
陵太傅；秦恭增加老師張無故之章句至百萬言，得爲城陽內史。而秦恭所增
加部分，稱爲家法，或稱爲章句亦無不可。因此，在漢代致力於解經之過程
中，發展出所謂「章句」解經之學。

〔註66〕《中國經學史》，馬宗霍著。第六篇「兩漢之經學」，頁38～39。
〔註67〕韓養民：《秦漢文化史》（臺北：里仁書局，1986年10月），頁31。

所謂「章句」,王充(27～?)曰:

> 夫經之有篇也,猶有章句;有章句也,猶有文字也。文字有意以立句,句有數以連章,章有體以成篇,篇則章句之大者也。謂篇有所法,是謂章句復有所法也。〔註68〕

經書是以文字構成,由若干數字構成一句,數句構成一章,數章構成一篇,數篇構成一部經書;故所謂「章句」者,類似現代「段」、「句」之概念,是指構成一部經書之基本單位。古人苦無斷句之符號,即使用「虛詞」表示一句或一章之斷落,但仍有時而窮;而在解經之過程中,不同之斷句,往往造成解讀經書之歧義,亦影響解經之理論系統,故「章句」之寫定,具有解經定型化之功能。因此,「章句」之學不僅是一種解經方法,同時也是一種讀經之方法。

東漢徐防言子夏承孔子之學,發明章句,居西河教授弟子。〔註69〕子夏學說今不可考,推想徐防之言,應是對當時章句之學之流行風氣尋求源頭之說法,非以為章句之學始於子夏。章句之學顯然與漢代重視師法、家法之傳統有關,若論章句之學之興起,應不晚於西漢宣帝之際。《漢書·夏侯勝傳》曰:

> (夏侯)勝從父子建字長卿,自師事勝及歐陽高,左右采獲,又從《五經》諸儒問與《尚書》相出入者,牽引以次章句,具文飾說。勝非之曰:「建所謂章句小儒,破碎大道。」建亦非勝為學疏略,難以應敵。(卷七十五,頁3159)

《漢書》載夏侯建師事夏侯勝及歐陽高,又從《五經》諸儒問與《尚書》相出入者,「牽引以次章句」,「具文飾說」,作《尚書章句》即是典型章句之學;而夏侯勝雖然批評夏侯建是「章句小儒」,「破碎大道」,但亦有章句之作,〔註70〕可知章句之學在當時已頗為流行。徐復觀以為章句之學「可能萌於設置博士弟子之前,但興盛顯著於設置博士弟子員之後,先有博士的章

〔註68〕 王充著·蔡鎮楚注譯·周鳳五校閱:《新譯論衡讀本》(臺北:三民書局,1997年10月),卷二八〈正說篇〉,頁1417。

〔註69〕 《後漢書·徐防傳》載徐防上疏曰:「臣《詩》《書》《禮》《樂》,定自孔子;發明章句,始於子夏。」卷四十四,頁1500。《史記·仲尼弟子列傳》曰:「孔子既沒,子夏居西河教授。為魏文侯師。」卷六十七,頁2203。

〔註70〕 《漢書·藝文志》,卷三十載《尚書》類有《大、小夏侯章句》各二十九卷,頁1705。有學者則以為夏侯勝之《章句》,可能是出於弟子後學之手。

句，然後由此影響，才有一般儒生的章句」。〔註71〕博士因教學之需要，遂對經書「離章辨句」，以求經義，同時爲方便講學，遂有章句之作，其章句形成一門學說，便是諸生之「師法」。故林慶彰（1948～）言：

> 章句既是當時經師的一種解經方式，此種詮釋方式是由創立學派的經師所傳，凡是受學於此一學派的經生，代代皆應以此種解經方式爲典範。此種典範，即稱爲「師法」或「家法」。……是知遵守師法應是個大原則，如果有經師能觸類旁通，另外完成章句的，即可成爲一家之學。這家的章句，就是他們的家法。〔註72〕

章句乃是經師解經之方式之一，此詮釋經書之方式遂成爲此一學派之「師法」典範，此說殆無疑義；然而，並非所有經學之「師法」皆爲章句之學，例如《詩》、《禮》兩經在當時並無章句之作，但不能據此遽言《詩》、《禮》兩經無「師法」。

　　章句之興，蓋祿利之途使然。〔註73〕《漢書》載夏侯勝常謂諸生曰：「士病不明經術；經術苟明，其取青紫如俛拾地芥耳。學經不明，不如歸耕。」（卷七十五，頁3159）因爲武帝以博士官勸誘儒生，「博士專守一經乃至經中的一傳，如《公羊傳》、《穀梁傳》，知識活動範圍既狹，又須展轉相傳，以教授弟子，於是在故訓、傳說之外，又興起章句之學」，〔註74〕章句之學擴大對《五經》詮釋範圍，儒生投效於經學博士門下，傳業者經師所授，行有餘力，又自行增衍老師章句，獨立一家之學，師生孳乳，支葉繁茂；漢代經學便籠罩在這一片敷衍經義之氛圍中。

　　從經學發展歷史看，漢代師法之興起，固然緣於博士學官利祿之途所趨，但就經學內在發皇而言，章句之學無異是起擴大與深化作用；然而章句學風一開，遂產生許多流弊。《漢書·藝文志》曰：

> 古之學者耕且養，三年而通一藝，存其大體，玩經文而已，是故用日少而畜德多，三十而五經立也。後世經傳既已乖離，博學者又不

〔註71〕《中國經學史的基礎》，頁98。
〔註72〕林慶彰，〈兩漢章句之學重探〉，見《中國經學史論文選集》（臺北：文史哲出版，1992年10月初版），頁288。
〔註73〕班固於《漢書·儒林傳》贊曰：「自武帝立《五經》博士，開弟子員，設科射策，勸以官祿，訖於元始，百有餘年，傳業者寖盛，支葉蕃滋，一經說至百餘萬言，大師眾至千餘人，蓋祿利之路然也」，頁3620～3621。
〔註74〕《中國經學史的基礎》，頁79。

思多聞闕疑之義，而務碎義逃難，便辭巧說，破壞形體；說五字之
文，至於二三萬言。後進彌以馳逐，故幼童而守一藝，白首而後能
言；安其所習，毀所不見，終以自蔽。此學者之大患也。（卷三十，
頁 1723）

《漢書》言後世經傳之博學者，以章句離析經文，「說五字之文，至於二三萬
言」，「一經說至百餘萬言」，而後學者從師法之說，幼童至白首後始能言一經
之義，如此「離章辨句」，必然走向「碎義逃難，便辭巧說，破壞形體」，飣
餖訓詁之途。鑽研章句之學，既只能窮一經之義，尚不能「存其大體」，故王
充批評曰：「諸生能傳百萬言，不能覽古今，守信師法，雖辭說多，終不爲
博。」〔註75〕而學者「安其所習，毀所不見」，形成專己守殘、黨同伐異之學
術門閥，無怪乎劉歆欲立古文經時受到經學博士之排擠，劉歆則駁斥當時經
學博士是「分文析字，煩言碎辭，學者罷老且不能究其一藝。信口說而背傳
記，是末師而非往古」，充分說明章句末學之弊端。

　　章句之學虛張經書微言大義，膨脹解經字數泛濫程度，實已令人感到厭
煩，於是便有減省章句之聲浪。早在王莽主政之時，便有減省《五經》章句
皆爲二十萬言之事；〔註76〕然而，王莽此舉並未收到壓抑章句之目的，故至
東漢，始有光武帝「中元元年詔書，《五經》章句煩多，議欲減省」之事。爾
後楊終上疏章帝，指責「章句之徒，破壞大體」，宜如石渠故事「論定《五
經》」；而章帝建初四年詔書亦回應楊終之疏曰：「欲使諸儒共正經義，頗令學
者得以自助」，「講議《五經》同異」。因此，章帝詔開白虎觀會議之目的，不
僅在「講議《五經》同異」，而且是冀望透過會議方式，達到減省《五經》章
句，以期端正章句之學所產生之不良學風。

第三節　與會者學術背景

　　依《後漢書》所載，建初四年章帝下詔「太常、將、大夫、博士、議郎、
及諸生、諸儒會白虎觀，講議《五經》同異」，就與會討論者之頭銜而言，實
已涵蓋官方學術代表，稱其爲國家學術會議亦不爲過。以下從與會者之官銜
探求其學術背景。

〔註75〕《論衡・效力篇》，頁 657。
〔註76〕《論衡・效力篇》：「王莽之時，省五經章句皆爲二十萬，博士弟子郭路夜定
　　　　舊說，死於燭下，精思不任，絕脈氣滅也。」頁 660。

（一）太常

《漢書・百官公卿表》載：

> 奉常，秦官，掌宗廟禮儀，有丞。景帝中六年更名太常。屬官有太
> 樂、太祝、太宰、太史、太卜、太醫六令丞，又均官、都水兩長丞，
> 又諸廟寢園食官令長丞，有廱太宰、太祝令丞，五畤各一尉。又博
> 士及諸陵縣皆屬焉。（卷十九上，頁 726）

應劭曰：「常，典也，掌典三禮也」，「常是祭祀時之旗幟，奉常即主祭之意」。
〔註 77〕太常，秦時稱奉常，至西漢景帝中更名爲太常。〔註 78〕其職掌宗廟禮
儀，隸屬太常之官員眾多，《後漢書・儒林列傳》言「凡十四博士，太常差次
總領焉」，故博士亦是其中之一。《後漢書・志・百官二》載：〔註 79〕

> 太常，卿一人，中二千石。本注曰：掌禮儀祭祀。每祭祀，先奏其
> 禮儀；及行事，常贊天子。每選試博士，奏其能否。大射、養老、
> 大喪、皆奏其禮儀。每月前晦，察行陵廟。丞一人，比千石。本注
> 曰：掌凡行禮及祭祀小事，總署曹事。其署曹掾史，隨事爲員，諸
> 卿皆然。（志二十五，頁 3571）

東漢時，太常一人主掌禮儀祭祀，包含奏大射、養老、大喪等禮儀，並每月
前晦，察行陵廟，亦擔任審核選試博士之職。太常以下隸屬官員有：太史令
一人「掌天時、星曆」，博士祭酒一人「掌教弟子」、「國有疑事，掌承問
對」，太祝令一人「凡國祭祀，掌讀祝，及迎送神」，太宰令一人「掌宰工鼎
俎饌具之物」、「凡國祭祀，掌陳饌具」，大予樂令一人「掌伎樂」、「凡國祭
祀，掌請奏樂，及大饗用樂，掌其陳序」，高廟令一人「守廟，掌案行掃
除」，世祖廟令一人（如高廟），先帝陵、每陵園令各一人「掌守陵園，案行
掃除」，先帝陵，每陵食官令各一人「掌望晦時節祭祀」，屬太常者凡十官，
皆有定額。〔註 80〕

〔註 77〕《歷代職官表》，〔清〕黃本驥編著，附瞿蛻園〈歷代職官簡釋〉（臺北：宏業
書局，1994 年 11 月），頁 82。

〔註 78〕《漢書・景帝紀》卷五曰：「（中六年）十二月，改諸官名。定鑄錢僞黃金棄
市律。」頁 148。

〔註 79〕《後漢書・志・百官一》志二十四曰：「唯班固著〈百官公卿表〉，記漢承秦
置官本末，訖于王莽，差有條貫：然皆孝武奢廣之事，又職分未悉。世祖節
約之制，宜爲常憲，故依其官簿，粗注職分，以爲〈百官志〉。凡置官之本，
及中興所省，無因復見者，既在《漢書・百官表》，不復悉載。」頁 3555。

〔註 80〕《後漢書・志・百官二》志二十五，參考頁 3572～3574。

（二）將、大夫、議郎、郎官

《漢書·百官公卿表》載：

> 郎中令，秦官，掌宮殿掖門戶，有丞。武帝太初元年更名光祿勳。
> 屬官有大夫、郎、謁者，皆秦官。又期門、羽林皆屬焉。大夫掌論
> 議，有太中大夫、中大夫、諫大夫，皆無員，多至數十人。武帝元
> 狩五年初置諫大夫，秩比八百石，太初元年更名中大夫爲光祿大
> 夫，秩比二千石，太中大夫秩比千石如故。郎掌守門戶，出充車
> 騎，有議郎、中郎、侍郎、郎中，皆無員，多至千人。議郎、中郎
> 秩比六百石，侍郎比四百石，郎中比三百石。中郎有五官、左、右
> 三將，秩皆比二千石。郎中有車、戶、騎三將，秩皆比千石。（卷十
> 九上，頁 727）

郎中令乃秦官之名，西漢武帝更名爲光祿勳，其屬官有大夫、郎、謁者。大
夫主掌論議，有太中大夫、中大夫、諫大夫。郎主掌守門戶，出充車騎，有
議郎、中郎、侍郎、郎中。謁者主掌賓讚受事。

《後漢書·志·百官二》載：

> 光祿勳，卿一人，中二千石。本注曰：掌宿衛宮殿門戶，典謁署郎
> 更直執戟，宿衛門戶，考其德行而進退之。郊祀之事，掌三獻。丞
> 一人，比千石。（志二十五，頁 3574）

> 五官中郎將一人，比二千石。本注曰：主五官郎。五官中郎，比六
> 百石。本注曰：無員。五官侍郎，比四百石。本注曰：無員。五官
> 郎中，比三百石。本注曰：無員。凡郎官皆主更直執戟，宿衛諸殿
> 門，出充車騎。唯議郎不在直中。（志二十五，頁 3574～3575）

> 光祿大夫，比二千石。本注曰：凡大夫、議郎皆掌顧應對，無常
> 事，唯詔令所使。凡諸國嗣之喪，則光祿大夫掌弔。（志二十五，頁
> 3577）

東漢光祿勳主掌宿衛宮殿門戶，典謁署郎更直執戟，宿衛門戶及侍從諸官之
長。凡中郎將、大夫、議郎、郎官、謁者等，皆光祿勳之屬官。五官中郎將
一人，主五官郎，郎官皆主更直執戟，宿衛諸殿門，出充車騎，皆無定額。
除此之外，大夫、議郎皆掌顧應對，隨天子詔令機動行事。因此，郎乃是「殿
廷侍從的意思，其任務是護衛、陪從、隨時建議，備顧問及差遣」，「無職務、
無官署、無員額的官名，不在下規編制之內，而直接與皇帝接近，能起相當

的政治作用」。〔註81〕

（三）博士、諸生、諸儒

《漢書‧百官公卿表》載：

> 奉常，秦官，掌宗廟禮儀，有丞。景帝中六年更名太常。……又
> 博士及諸陵縣皆屬焉。……博士，秦官，掌通古今，秩比六百石，
> 員多至數十人。武帝建元五年初置《五經》博士，宣帝黃龍元年
> 稍增員十二人。元帝永光元年分諸陵邑屬三輔。（卷十九上，頁
> 726）

博士即是太常屬官之一，故又有禮官之稱。《史記‧秦始皇本紀》載：

> 始皇置酒咸陽宮，博士七十人前為壽。……丞相李斯曰：「……臣請
> 史官非秦記皆燒之。非博士官所職，天下敢有藏《詩》、《書》、百家
> 語者，悉詣守、尉雜燒之。有敢偶語《詩》《書》者棄世。」（卷六，
> 頁 254～255）

秦始皇帝時博士有七十人以上，其職守《詩》、《書》、百家之語，「既各司其
專門之學，又參預政事討論，並出外巡行視察」，〔註82〕甚至如渡河、〔註83〕
占夢等雜術，〔註84〕秦始皇亦過問博士，可知博士得須兼通諸子、詩賦、術
數、方技等雜學，尚無專經之職。《漢書‧成帝紀》載陽朔二年（B.C. 23）九
月之詔，曰：

> 古之立太學，將以傳先王之業，流化於天下也。儒林之官，四海淵
> 原，宜皆明於古今，溫故知新，通達國體，故謂之博士。否則學者
> 無述焉，為下所輕，非所以尊道德也。「工欲善其事，必先利其器。」
> 丞相、御史其與中二千石、二千石雜舉可充博士位者，使卓然可觀。
> （卷十，頁 313）

〔註81〕《歷代職官表》，頁 3。

〔註82〕《歷代職官表》，頁 137。

〔註83〕《史記‧秦始皇本紀》載：「始皇還，過彭城，齋戒禱祠，欲出周鼎泗水。使
　　　　千人沒水求之，弗得。乃西南渡淮水，之衡山、南郡。浮江，至湘山祠。逢
　　　　大風，幾不得渡。上問博士曰：『湘君何神？』博士對曰：『聞之，堯女，舜
　　　　之妻，而葬此。』於是始皇大怒，使刑徒三千人皆伐湘山樹，赭其山。上自
　　　　南郡由武關歸。」卷六，頁 248。

〔註84〕《史記‧秦始皇本紀》載：「始皇夢與海戰，如人狀。問占夢，博士曰：『水
　　　　神不可見，以大魚蛟龍為候。今上禱祠備謹，而有此惡神，當除去，而善神
　　　　可致』。」卷六，頁 263。

故博士者，在太學之內傳先王之業，職在「掌通古今」，溫故知新，通達國體始可稱之。

博士官有一經專職，自文帝始。《後漢書》載翟酺上言：「孝文皇帝始置一經博士」，（卷四十八，頁1606）考之史料，則知文帝所置博士不僅專職一經，諸子傳記皆置博士也。《漢書·楚元王傳》載劉歆移書太常博士責讓之曰：

> 漢興，去聖帝明王遐遠，仲尼之道又絕，法度無所因襲。時獨有一叔孫通略定禮儀，天下唯有《易》卜，未有它書。至孝惠之世，乃除挾書之律，然公卿大臣絳、灌之屬咸介胄武夫，莫以爲意。至孝文皇帝，始使掌故朝錯從伏生受《尚書》。《尚書》初出于屋壁，朽折散絕，今其書見在，時師傳讀而已。《詩》始萌牙。天下眾書往往頗出，皆諸子傳說，猶廣立於學官，爲置博士。（卷三十六，頁1968～1969）

前已述及，漢初天下唯有《易》卜，未有它書，至博士叔孫通方略定禮儀。自惠帝除挾書令後，文帝時《尚書》《詩》及諸子傳記皆已立於學官，並置博士，諸子傳說兼有博士之職。趙岐《孟子題辭》亦稱：「孝文皇帝欲廣游學之路，《論語》、《孝經》、《孟子》、《爾雅》皆置博士」，文景倡導學術，不論經、子，皆使博士講學，博士未有專責；是時博士仍屬「雜學」，「五經」仍未獨佔博士學官。

武帝建元五年「置《五經》博士」，《漢書·武帝紀》贊曰：

> 漢承百王之弊，高祖撥亂反正，文景務在農民，至于稽古禮文之事，猶多闕焉。孝武初立，卓然罷黜百家，表章《六經》。遂疇咨海內，舉其俊茂，與之立功。興太學，修郊祀，改正朔，定曆數，協音律，作詩樂，建封禪，禮百神，紹周後，號令文章，煥焉可述。後嗣得遵洪業，而有三代之風。如武帝之雄材大略，不改文景之恭儉以濟斯民，雖《詩》《書》所稱何有加焉！（卷六，頁212）

顏師古注曰：「百家，謂諸子雜說，違背六經」，「《六經》，謂《易》、《詩》、《書》、《春秋》、《禮》、《樂》也」，[註85] 武帝與文、景二世所立博士最大不同，在於武帝使博士各掌其經，各司其職，此亦是博士有專責《五經》之始，亦是武帝賦與經書法定權威地位，從而鞏固博士官與經學不可分隔之關

〔註85〕《漢書·武帝紀》，卷六，頁212。

係。此後，《五經》便成爲法定之典籍，並依此設立博士學官，同時，博士職權由「通古今」轉爲「作經師」。

《後漢書・志・百官二》載：

> 博士祭酒一人，六百石。本僕射，中興轉爲祭酒。博士十四人，比六百石。本注曰：《易》四，施、孟、梁丘、京氏。《尚書》三，歐陽、大小夏侯氏。《詩》三，魯、齊、韓氏。《禮》二，大小戴氏。《春秋》二，公羊嚴、顏氏。掌教弟子。國有疑事，掌承問對。（志二十五，頁3572）

西漢時博士教授任職於太學，眾博士之上設首席博士，稱僕射，至東漢改稱爲博士祭酒。而太學內之學生稱做博士弟子，至東漢改爲太學生或諸生。

西漢時，公孫弘以布衣治《春秋》而爲丞相兼學官，且建言武帝爲博士官設弟子員，〔註86〕更使博士之途成爲天下學士追名逐利之徑，後世帝王亦在此基礎之上，增加博士弟子員額。《漢書・儒林傳》補述這段過程：

> 昭帝時舉賢良文學，增博士弟子員滿百人，宣帝末增倍之。元帝好儒，能通一經者皆復。數年，以用度不足，更爲設員千人，郡國置《五經》百石卒史。成帝末，或言孔子布衣養徒三千人，今天子太學弟子少，於是增弟子員三千人。歲餘，復如故。平帝時王莽秉政，增元士之子得受業如弟子，勿以爲員，歲課甲科四十人爲郎中，乙科二十人爲太子舍人，丙科四十人補文學掌故云。（卷八十八，頁3596）

武帝之時「開弟子員，設科射策」，以利祿勸誘儒生，「博士藉儒而爲業，儒因博士而得官」。至經學博士官秩卑而職尊，附以其弟子員額之增衍，儒生爲祿利所趨，一經解說有百萬言，激越出解經有門戶派別之分，祿利愈豐，解經愈多；解經愈繁，博士學位愈增，至東漢時，《易》有施、孟、梁丘、京氏四家；《尚書》有歐陽、大小夏侯氏三家。《詩》有魯、齊、韓氏三家；

〔註86〕《史記・儒林列傳》載元朔五年（B.C. 124），公孫弘建言曰：「古者政教未洽，不備其禮，請因舊官而興焉。爲博士官置弟子五十人，復其身。太常擇民年十八已上，儀狀端正者，補博士弟子。郡國縣道邑有好文學，敬長上，肅政教，順鄉里，出入不悖所聞者，令相長丞上屬所二千石。二千石謹察可者，常與計偕，詣太常，得受業如弟子。一歲皆輒試，能通一藝以上，補文學掌故缺；其高弟可以爲郎中者，太常籍奏。即有秀才異等，輒以名聞。其不事學若下材及不能通一藝，輒罷之，而請諸不稱者罰。……制曰：『可。』自此以來，則公卿大夫士吏斌斌多文學之士矣。」頁3119～3120。

《禮》有大小戴氏二家;《春秋》有公羊嚴、顏氏二家;《五經》博士凡十有四家。

章帝下詔「太常、將、大夫、博士、議郎、及諸生、諸儒」等人所開之白虎觀會議,由與會者之頭銜,大概可分爲二系:一,以太常爲首,以經學爲主軸之博士、儒生一系。二,以光祿勳爲首,以顧問論議爲主軸之大夫、議郎一系。從參與白虎觀會議之官職與身分看,人數之多足以代表當時官方之學術立場,且會議「連月乃罷」,更可以想見此會議工程之浩大。《後漢書》雖然詳載章帝詔書之內容與會議日期,然而,究竟有那些人,有多少人實際參與會議,《後漢書》則語焉不詳;或許因爲會議時間太長,參與人數太多,以致《後漢書》無法確切掌握、或者不必詳列與會者名單。因此,若欲得知實際參與白虎觀會議之人士,則需從個別傳記之中考證。

魯恭(?~112),字仲康,扶風平陵人。

> (魯恭)其先出於魯(傾)頃公,爲楚所滅,遷於下邑,因氏焉。
> 世吏二千石,哀平間,自魯而徙。祖父匡,王莽時,爲羲和,有權
> 數,號曰「智囊」。父某,建武初,爲武陵太守,卒官。時恭年十二,
> 弟丕七歲,晝夜號踊不絕聲,郡中賻贈無所受,乃歸服喪,禮過成
> 人,鄉里奇之。十五,與母及丕俱居太學,習《魯詩》,閉戶講誦,
> 絕人閒事,兄弟俱爲諸儒所稱,學士爭歸之。(《後漢書·魯恭傳》
> 卷二十五,頁873)

> 太尉趙(喜)慕其志,每歲時遣子問以酒糧,皆辭不受。恭憐丕小,
> 欲先就其名,託疾不仕。郡數以禮請,謝不肯應,母強遣之,恭不
> 得已而西,因留新豐教授。建初初,丕舉方正,恭始爲郡吏。太傳
> 趙(喜)聞而辟之。肅宗集諸儒於白虎觀,恭特以經明得召,與其
> 議。(《後漢書·魯恭傳》卷二十五,頁874)

> 其後拜爲《魯詩》博士,由是家法學者日盛。……(《後漢書·魯恭
> 傳》卷二十五,頁878)

魯恭之祖父魯匡爲羲和之官,其父爲武陵太守,堪稱世家,早年與弟魯丕居太學,習《魯詩》,學士爭相歸依門下。至建初初始爲郡吏,建初四年,魯恭特以經明得召,與其議於白虎觀,其後拜爲《魯詩》博士,建立家法,門下弟子更盛於以往。

賈逵(30~101),賈逵字景伯,扶風平陵人。

（賈逵）九世祖誼，文帝時爲梁王太傅，曾祖父光，爲常山太守，宣帝時以吏二千石自洛陽徙焉。父徽，從劉歆受《左氏春秋》，兼習《國語》、《周官》、又受《古文尚書》於塗惲，學《毛詩》於謝曼卿，作《左氏條例》二十一篇。（《後漢書・賈逵傳》卷三十六，頁1234）

逵悉傳父業，弱冠能誦《左氏傳》及《五經》本文，以《大夏侯尚書》教授，雖爲古學，兼通五家《穀梁》之說。自爲兒童，常在太學，不通人閒事。身長八尺二寸，諸儒爲之語曰：「問事不休賈長頭。」性愷悌，多智思，俶儻有大節。尤明《左氏傳》、《國語》，爲之《解詁》五十一篇，永平中，上疏獻之。顯宗重其書，寫藏秘館。（《後漢書・賈逵傳》卷三十六，頁1235）

時有神雀集宮殿官府，冠羽有五采色，帝異之，以問臨邑侯劉復，復不能對，薦逵博多識，帝乃召見逵，問之。對曰：「昔武王終父之業，鷟鷟在岐，宣帝威懷戎狄，神雀仍集，此胡降之徵也。」帝敕蘭臺給筆札，使作神〈神雀頌〉，拜爲郎，與班固並校秘書，應對左右。（《後漢書・賈逵傳》卷三十六，頁1235）

肅宗立，降意儒術，特好《古文尚書》、《左氏傳》。建初元年，詔逵入講北宮白虎觀、南宮雲臺。帝善逵說，使發出《左氏傳》大義長於二傳者。逵於是具條奏之曰：「臣謹摘出《左氏》三十事尤著明者，斯皆君臣之正義，父子之紀綱。其餘同《公羊》者什有七八，或文簡小異，無害大體。至如祭仲、紀季、伍子胥、叔術之屬，《左氏》義深於君父，《公羊》多任於權變，其相殊絕，固以甚遠，而冤抑積久，莫肯分明。臣以永平中上言《左氏》與圖讖合者，先帝不遺芻蕘，省納臣言，寫其傳詁，藏之秘書。……至光武皇帝，奮獨見之明，興立《左氏》、《穀梁》，會二家先師不曉圖讖，故令中道而廢。……又《五經》家皆無以證圖讖明劉氏爲堯後者，而《左氏》獨有明文。《五經》家皆言顓頊代黃帝，而堯不得爲火德。《左氏》以爲少昊代黃帝，即圖讖所謂帝宣也。如令堯不得爲火，則漢不得爲赤。其所發明，補益實多。……書奏，帝嘉之，賜布五百匹，衣一襲，令逵自選《公羊》嚴、顏諸生高才者二十人，教以《左氏》，與簡紙經傳

各一通。（《後漢書·賈逵傳》卷三十六，頁 1239）

逵數為帝言《古文尚書》與經傳《爾雅》詁訓相應，詔令撰《歐陽》、《大小夏侯尚書》《古文》同異。逵集為三卷，帝善之。復令撰《齊》、《魯》、《韓詩》與《毛氏》同異。并作《周官解詁》。遷逵為衛士令。八年，乃詔諸儒各選高才生，受《左氏》、《穀梁春秋》、《古文尚書》、《毛詩》，由是四經遂行於世。皆拜逵所選弟子及門生為千乘王國郎，朝夕受業黃門署，學者皆欣欣羨慕焉。（《後漢書·賈逵傳》卷三十六，頁 1239）

賈逵之父賈徽從劉歆受《左氏春秋》，兼習《國語》、《周官》、《古文尚書》、《毛詩》，作《左氏條例》二十一篇，而專精《左氏春秋》，學術涉獵廣泛，足稱淵博。賈逵承續父志，尤明《左氏春秋》，作《解詁》三十篇，《國語》二十一篇。〔註 87〕明帝永平十七年（74），賈逵作〈神雀頌〉，〔註 88〕拜為郎，與班固並校秘書，應對左右。

賈逵之《左氏春秋》學與當時流行之圖讖結合，言「《左氏》與圖讖相合」，適章帝好《古文尚書》、《左氏傳》，乃召賈逵入講北宮白虎觀、南宮雲臺。帝善逵說，使發出《左氏傳》大義長於二傳者，賈逵則摘出《左氏》三十事尤著明者，〔註 89〕斯皆君臣之正義，父子之紀綱。其餘同《公羊》者什

〔註 87〕《後漢書·賈逵傳》卷三十六，李賢注：「《左氏》三十篇，《國語》二十一篇也。」頁 1235。

〔註 88〕《後漢書·明帝紀》卷二載：「（永平十七年）是歲，甘露仍降，樹枝內附，芝草生殿前，神雀五色翔集京師。」

〔註 89〕《後漢書》載賈逵摘出《左氏》三十事尤著明者，黃彰健考《太平御覽》引《三輔決錄》、徐彥《公羊序疏》、《後漢書·李育傳》，以為：「范曄《後漢書·賈逵傳》說：賈逵『謹摘出《左氏》三十事尤著明者』，三十，恐係『四十』之誤」。《經今古文學問題新論》（臺北：中央研究院歷史語言研究所，1992年9月），頁 157。實則，賈逵以《左氏》附會圖讖，強調《左氏》與圖讖合者，並以《左氏》獨有明文以圖讖證明劉氏為堯後者，故所舉三十事「尤著明者」皆與圖讖有關，其餘什有七八與《公羊》者同。《後漢書·張衡傳》言張衡上疏曰：「往者侍中賈逵摘讖互異三十餘事」，即是明證。黃彰健之言，恐受惑於《後漢書》言李育「嘗讀《左氏傳》，雖樂文采，然謂不得聖人深意，以為前世陳元、范升之徒更相非折，而多引圖讖，不據理體，於是作《難左氏義》四十一事」。李育作《難左氏義》四十一事，乃是泛指陳元、范升之徒多引圖讖，並非針對賈逵而發；即使李育《難左氏義》意在攻訐賈逵，在引述證據之數量上，亦不必與賈逵相對，以四十一事勝於三十事，在辯論上益顯優越。

有七八，或文簡小異，無害大體。賈逵以圖讖證明漢繼堯後而爲火德，故「其所發明，補益實多」，實與古文學家極力排斥圖讖之立場明顯不同。至其通《穀梁》尹更始、劉向、周慶、丁姓、王彥五家之說，〔註90〕亦有別於古學；故賈逵雖家學稱古學，亦習古文經，然其學術特色卻不必稱古學。儘管如此，章帝於建初元年（76）令逵自選《公羊》嚴、顏諸生高才者二十人，教以《左氏》，與簡紙經傳各一通；及建初八年（83）乃詔諸儒各選高才生，受《左氏》、《穀梁春秋》、《古文尚書》、《毛詩》，由是四經遂行於世，完全拜賈逵所賜。因此，從賈逵之家學淵源與其尤明《左氏春秋》而言，仍屬古文學陣營健將之一。

桓郁，字仲恩，沛郡龍亢人。

> 郁字仲恩，少以父任爲郎。敦厚篤學，傳父業，以《尚書》教授，門徒常數百人。榮卒，郁當襲爵，上書讓於兄子汎，顯宗不許，不得已受封，悉以租入與之。帝以郁先師子，有禮讓，甚見親厚，常居中論經書，問以政事，稍遷侍中。帝自制《五家要說章句》，令郁校定於宣明殿，以侍中監虎賁中郎將。（《後漢書・桓郁傳》卷三十七，頁 1254～1255）

> 永平十五年，入授皇太子經，遷越騎校尉，詔敕太子、諸王各奉賀致禮。郁數進忠言，多見納錄。肅宗即位，郁以母憂乞身，詔聽以侍中行服。建初二年，遷屯騎校尉。（《後漢書・桓郁傳》卷三十七，頁 1255）

> 和帝即位，富於春秋，侍中竇憲自以外戚之重，欲令少主頗涉經學，上疏皇太后曰：「……」由是遷長樂少府，復入侍講。頃之，轉爲侍中奉車都尉。永元四年，代丁鴻爲太常。明年病卒。（《後漢書・桓郁傳》卷三十七，頁 1255～1256）

> 郁經授二帝，恩寵甚篤，賞賜前後數百千萬，顯於當世。門人楊震、朱寵，皆至三公。（《後漢書・桓郁傳》卷三十七，頁 1256）

> 初，榮受朱普學章句四十萬言，浮辭繁長，多過其實。及榮入授顯宗，減爲二十三萬言。郁復刪省定成十二萬言。由是有《桓君大小太常章句》。（《後漢書・桓郁傳》卷三十七，頁 1256）

〔註90〕李賢注：「五家謂尹更始、劉向、周慶、丁姓、王彥等，皆爲《穀梁》，見《前書》也。」《後漢書・賈逵傳》卷三十六，頁 1235。

桓郁之父桓榮，「少學長安，習《歐陽尚書》，事博士九江朱普」，〔註91〕朱普則從平當學《歐陽尚書》。〔註92〕桓郁既傳父業，且以《尚書》教授，至章帝建初二年（77）遷屯騎校尉，和帝永元四年（92）代丁鴻爲太常，刪桓榮章句二十三萬言，爲《桓君大小太常章句》十二萬言，各其學當以《歐陽尚書》爲主。

丁鴻，字孝公，穎川定陵人。

> 鴻年十三，從桓榮受《歐陽尚書》，三年而明章句，善論難，爲都講，遂篤志精銳，布衣荷擔，不遠千里。（《後漢書·丁鴻傳》卷三十七，頁1263）

> ……鴻感悟，垂涕歎息，乃還就國，開門教授。鮑駿亦上書言鴻經學至行，顯宗甚賢之。（《後漢書·丁鴻傳》卷三十七，頁1263）

> 永平十年詔徵，鴻至即召見，說文〈侯之命篇〉，賜御衣及綬，稟食公車，與博士同禮。頃之，拜侍中。十三年，兼射聲校尉。建初四年，徙封魯陽鄉侯。（《後漢書·丁鴻傳》卷三十七，頁1264）

> 肅宗詔鴻與廣平王羨及諸儒樓望、成封、桓郁、賈逵等，論定《五經》同異於北宮白虎觀，使五官中郎將魏應主承制問難，侍中淳于恭奏上，帝親稱制臨決。鴻以才高，論難最明，諸儒稱之，帝數嗟美焉。時人嘆曰：「殿中無雙丁孝公。」數受賞賜，擢徙校書，遂代成封爲少府。門下由是益盛，遠方至者數千人。（《後漢書·丁鴻傳》卷三十七，頁1264）

> 贊曰：五更待問，應若鳴鍾。庭列輻駕，堂修禮容。穆穆帝則，擁經以從。丁鴻翼翼，讓而不飾。高論白虎，深言日食。（《後漢書·丁鴻傳》卷三十七，頁1269）

丁鴻早年從桓榮習《歐陽尚書》，與桓郁所學同出一系，爲人善論難，讓而不飾，因經學至行，而得章帝賢之。建初四年，丁鴻徙封魯陽鄉侯，章帝詔丁鴻與諸儒與會白虎觀，丁鴻論難最明，帝數嗟歎其才美，號之曰「殿中無雙丁孝公」，〔註93〕會後擢徙校書，遂代成封爲少府，可知丁鴻與會白虎觀，會

〔註91〕《後漢書·桓榮傳》卷三十七，頁1249。
〔註92〕《漢書·儒林傳》曰：「林尊字長賓，濟南人也。事歐陽高，爲博士，論石渠。後至少府、太子太傅，授平陵平當、梁陳翁生。……由是歐陽有平、陳之學。……而平當授九江朱普公文、……」卷八十八，頁3604。
〔註93〕《東觀漢記》曰：「上嗟歎鴻才，號之曰：『殿中無雙丁孝公』。」卷十五，頁2。

中以《歐陽尙書》論難群儒，諸儒稱之。

淳于恭，字孟孫，北海淳于人。

> （淳于恭）善說《老子》，清靜不慕榮名。家有山田果樹，人或侵盜，
> 輒助爲收採。又見偷刈禾者，恭念其愧，因伏草中，盜去乃起，里
> 落化之。（《後漢書·淳于恭傳》卷三十九，頁 1301）

> 建初元年，肅宗下詔美恭素行，告郡賜帛二十匹，遣詣公車，除
> 爲議郎。引見極，訪以政事，遷侍中騎都尉，禮待甚優。其所薦
> 名賢，無不徵用。進對陳政，皆本道德，帝與之言，未嘗不稱善。
> 五年，病篤，使者數存問，卒於官。詔書褒歎，賜穀千斛，刻石
> 表閭。除子孝爲太子舍人。（《後漢書·淳于恭傳》卷三十九，頁
> 1301）

淳于恭善說《老子》，章帝建初元年（76）除爲議郎，其學與經學屬性不同。
淳于恭與會白虎觀時爲侍中，職在上奏講議結果，供章帝稱制臨決。

班固（32～92），字孟堅，扶風安陵人。

> （班固）年九歲，能屬文誦詩賦，及長，遂博貫載籍，九流百家之
> 言，無不窮究。所學無常師，不爲章句，舉大義而已。性寬和容
> 眾，不以才能高人，諸儒以此慕之。（《後漢書·班固傳》卷四十上，
> 頁 1330）

> 父彪卒，歸鄉里。固以彪所續前史未詳，乃潛精研思，欲就其業。
> 既而有人上書顯宗，告固私改作國史者，有詔下郡，收固繫京兆
> 獄，盡取其家書。先是扶風人蘇朗僞言圖讖事，下獄死。固弟超恐
> 固爲郡所覈考，不能白明，乃馳詣闕上書，得召見，具言固所著述
> 意，而郡亦上其書。顯宗甚奇之，召詣校書部，除蘭臺令史，與前
> 睢陽令陳宗、長陵令尹敏、司隸從事孟異共成世祖本紀。遷爲郎，
> 典校秘書。固又撰功臣、平林、新市、公孫述事，作列傳、載記二
> 十八篇，奏之。帝乃復使終成前所著書。（《後漢書·班固傳》卷四
> 十上，頁 1333～1334）

> 固以爲漢紹堯運，以建帝業，至於六世，史臣乃追述功德，私作本
> 紀，編於百王之末，廁於秦、項之列，太初以後，闕而不錄，故探
> 撰前記，綴集所聞，以爲《漢書》。起元高祖，終于孝平王莽之誅，
> 十有二世，二百三十年，綜其行事，傍貫《五經》，上下洽通，爲《春

秋》考紀、表、志、傳凡百篇。固自永平中始受詔，潛精積思二十
餘年，至建初中乃成。當世甚重其書，學者莫不諷誦焉。(《後漢書‧
班固傳》卷四十上，頁 1334)

及肅宗雅好文章，固愈得幸，數入讀書禁中，或連日繼夜。每行巡
狩，輒獻上賦，朝廷有大議，使難問公卿，辯論於前，賞賜恩寵甚
渥。固自二世才術，位不過郎，感東方朔、楊雄自論，以不遭蘇、
張、范、蔡之時，作〈賓戲〉以自通焉。後遷玄武司馬。天子會諸
儒講論《五經》，作《白虎通德論》，令固撰集其事。(《後漢書‧班
固傳》卷四十下，頁 1373)

固所著〈典引〉、〈賓戲〉、〈應譏〉、詩、賦、銘、誄、頌、書、文、
記、論、議、六言，在者凡四十一篇。(《後漢書‧班固傳》卷四十
下，頁 1386)

班固能屬文誦詩賦，著作亦以此為主而兼備史學，明帝永平中為郎，典校秘
書。〔註 94〕班固最偉大之成就，乃是明帝時受詔撰寫，歷經二十餘年，至章
帝建初中時所完成之《漢書》。班固雖亦能「博貫載籍，九流百家之言，無不
窮究」，「專篤志於博學，以著述為業」，然所學既無明確師承，亦無專治典
籍。而班固與白虎觀會議之關係，乃在於章帝令班固撰集其事，作《白虎通
德論》。依周廣業所考，「白虎通德論」並非一書，而是指「白虎通」與「功
德論」二書，不論是「白虎通德論」一書，或者是「白虎通」與「功德論」
二書，皆是班固所作，皆與白虎觀會議有關。然而，《後漢書》記載此事並
不明確，所謂「令固撰集其事」，是指白虎觀會議之後，由淳于恭上奏，章
帝親稱制臨決之結果，最後由班固集結而成之資料，或者只是班固於會議
之中所做之記錄報告，仍有待考證。至於班固是否參與會議之討論，亦不得
而知。

張酺，字孟侯，汝南細陽人。

酺少從祖父充受《尚書》，能傳其業。又事太常桓榮。勤力不怠，聚
徒以百數。永平九年，顯宗為四姓小侯開學於南宮，置《五經》
師。酺以《尚書》教授，數講於御前。以論難當意，除為郎，賜車
馬衣裳，遂令入授皇太子。(《後漢書‧張酺傳》卷四十五，頁 1528

〔註94〕《漢書‧敘傳》卷一百上曰：「(班固)永平中為郎，典校秘書，專篤志於博
　　　學，以著述為業。」頁 4225。

—74—

～1529）

> 酺爲人質直，守經義，每侍講閒隙，數有匡正之辭，以嚴見憚。及
> 肅宗即位，擢酺爲侍中、虎賁中郎將。數月，出爲東郡太守。酺自
> 以嘗經親近，未悟見出，意不自得，上疏辭曰……。（《後漢書‧張
> 酺傳》卷四十五，頁 1529）

> 自酺出後，帝每見諸王師傅，常言：「張酺前入侍講，屢有諫正，閶
> 閶惻惻，出於誠心，可謂有史魚之風矣。」元和二年，東巡狩，幸
> 東郡，引酺及門生並郡縣掾史並會庭中。帝先備弟子之儀，使酺講
> 《尚書》一篇，然後脩君臣之禮。賞賜殊特，莫不沾洽。（《後漢書‧
> 張酺傳》卷四十五，頁 1530）

張酺少從祖父張充受《尚書》，能傳其業，並能以《尚書》教授，數講於御
前，除爲郎。章帝即位，擢張酺爲侍中、虎賁中郎將。元和二年（85）章帝
嘗以弟子之儀，使張酺講《尚書》一篇，然後再脩君臣之禮，尤見張酺之
榮寵。張酺事太常桓榮，亦習《歐陽尚書》，其學所長又與丁鴻、桓郁同出
一系。

　　楊終，字子山，蜀郡成都人。

> （楊終）年十三，爲郡小吏，太守奇其才，遣詣京師受業，習《春
> 秋》。顯宗時，徵詣蘭臺，拜校書郎。（《後漢書‧楊終傳》卷四十八，
> 頁 1597）

> 終又言：「宣帝博徵群儒，論定《五經》於石渠閣。方今天下少事，
> 學者得成其業，而章句之徒，破壞大體。宜如石渠故事，永爲後世
> 則。」於是詔諸儒於白虎觀論考同異焉。會終坐事繫獄，博士趙博、
> 校書郎班固、賈逵等，以終深曉《春秋》，學多異聞，表請之，終又
> 上書自訟，即日貰出，乃得與於白虎觀焉。後受詔刪《太史公書》
> 爲十餘萬言。（《後漢書‧楊終傳》卷四十八，頁 1599）

> 帝東巡狩，鳳皇黃龍並集，終贊頌嘉瑞，上述祖宗鴻業，凡十五
> 章，奏上，詔貰還故郡。著《春秋外傳》十二篇，改定章句十五萬
> 言。永元十二年，徵拜郎中，以病卒。（《後漢書‧楊終傳》卷四十
> 八，頁 1600～1601）

楊終自小習《春秋》，明帝時拜校書郎，是促進章帝詔開白虎觀會議之主要人

物。其學術治專在《春秋》，著有《春秋外傳》十二篇，〔註95〕然《後漢書》未言楊終之《春秋》所習何家。〔註96〕值白虎觀會議詔開之際，楊終因事入獄，待博士趙博、校書郎班固、賈逵等人表請，乃得與於白虎觀，故楊終所以能夠參與白虎觀會議，乃憑其「深曉《春秋》，學多異聞」。

　　陳敬王羨，廣平王。

> 陳敬王羨，永平三年封廣平王。建初三年，有司奏遣羨與鉅鹿王恭、樂成王黨俱就國。肅宗性篤愛，不忍與諸王乖離，遂留京師。明年，案輿地圖，令諸國戶口皆等，租入歲各八千。羨博涉經書，有威嚴，與諸儒講論於白虎殿。（《後漢書·陳敬王羨傳》卷五十，頁1667）

劉羨於明帝永平三年（60）封廣平王，其學術雖「博涉經書」，但無明確之專治典籍。

　　李育，字元春，扶風漆人。

> （李育）少習《公羊春秋》。沈思專精，博覽書傳，知名太學，深為同郡班固所重。固奏記薦育於驃騎將軍東平王蒼，由是京師貴戚往交之。州郡請召，育到，輒辭病去。（《後漢書·李育傳》卷七十九下，頁2582）

> 常避地教授，門徒數百。頗涉獵古學。嘗讀《左氏傳》，雖樂文采，然謂不得聖人深意，以為前世陳元、范升之徒更相非折，而多引圖讖，不據理體，於是作《難左氏義》四十一事。（《後漢書·李育傳》卷七十九下，頁2582）

> 建初元年，衛尉馬廖舉育方正，為議郎。後拜博士。四年，詔與諸儒論《五經》於白虎觀，育以《公羊》義難賈逵，往返皆有理證，最為通儒。（《後漢書·李育傳》卷七十九下，頁2582）

> 再遷尚書令。及馬氏廢，育坐為所舉免歸。歲餘復徵，再遷侍中，卒於官。（《後漢書·李育傳》卷七十九下，頁2582）

〔註95〕《春秋外傳》即《國語》，《漢書·律曆志》亦稱《國語》為《春秋外傳》；王充《論衡·案書篇》曰：「《國語》，《左氏》之外傳也。」
〔註96〕王先謙則以為楊終之《春秋》所習皆《公羊》學也，曰：「而考終上疏三引皆《公羊傳》語，知所治必《公羊》，《春秋外傳》及改定之章句亦是《公羊》學也」，《後漢書集解》，頁563。

李育少習《公羊春秋》，但不知從嚴、顏何氏，且博覽書傳。建初元年（76）為議郎，後拜博士。建初四年與諸儒會白虎觀，會中李育以《公羊春秋》論難賈逵，最為通儒。

李育以爲《左氏春秋》不得聖人深意，作《難左氏義》四十一事乃是針對前人如陳元、范升之徒「多引圖讖，不據理體」以解《左氏傳》，實有感而發。金德建則據《後漢書》之說，以爲「知李育曾參議白虎觀，有《公羊義四十一事》之作，則李育之說，必存於今《白虎通義》中無疑」。〔註97〕金德建考證《白虎通》曰：

> 而李育之《大義》，據《後漢書》〈何休傳〉所云，實爲何休《解詁》之所追本。則《通義》之說《公羊》，凡同於何休《解詁》者，謂即出於李育所說，恐亦甚當。余讀《白虎通義》，取其說《春秋公羊》者，比而錄之，得八十三條；其中與何休之《解詁》參證相符合者，適得四十有一條，正值此數。以爲此即〈李育傳〉所謂李育所說《公羊義四十一事》云。〔註98〕

金德建以爲，李育參與白虎觀會議，則李育之說必存於《白虎通》之中，而何休之《公羊解詁》乃追本李育，則《解詁》之義等於李育之義，故凡《白虎通》中合於何休之《解詁》者，即可視爲李育在白虎觀會議之意見。金德建之考證《白虎通》條文取《春秋公羊》者得八十三條，而合於何休之《解詁》者，適得四十一條，如下：〔註99〕

證一：二、「《春秋傳》曰：『合伯子男爲一爵』。或曰：『合從子貴中也』以《春秋》名鄭忽，忽者鄭伯也。此未踰年之君，當稱子；嫌爲改伯從子，故名之也。」

證二：四、「爵皆一字也，大夫獨兩字何？《春秋傳》曰：『大夫無遂事』以爲大夫職在之適四方，受君之法，施之於民，故獨兩字言之。或曰：大夫爵之下者也，稱大夫，明從大夫以上受下施，皆大自著也。」

證三：六、「何以知天子之子亦稱世子也。《春秋》曰：『公會王世子于首止。』」

〔註97〕金德建：《古籍叢考》（臺北：臺灣中華書局，1967年4月），頁114。
〔註98〕《古籍叢考》，頁114。
〔註99〕《古籍叢考》，頁114～138。

證四：九、「《春秋》曰：『元年春王正月，公即位。』改元位也。王者改
　　　　元，即事天地；諸侯改元，即事社稷。」

證五：十一、「《春秋》曰：『公朝于王所。』于是知晉文之霸也。」

證六：十六、「王者諸侯必有誡社者何？示有存亡也。明爲善者得之，
　　　　爲惡者失之。故《春秋公羊傳》曰：『亡國之社，奄其上，柴其
　　　　下。』」

證七：十八、「王者始起，何用正民以爲，且用先代之禮樂，天下太平，
　　　　乃更制作焉。……《春秋傳》曰：『曷爲不修乎近，而修乎遠，同
　　　　已也，可因先以太平也。』」

證八：十九、「天子八佾，諸侯四佾，所以別尊卑。樂者陽也，故以陰數，
　　　　法八風，六律，四時也。故《春秋公羊傳》曰：『天子八佾，諸公
　　　　六佾，諸侯四佾。』」

證九：二十一、「爲其專權擅勢，傾覆國家。……故《春秋公羊傳》曰：
　　　　『譏世卿；世卿，非禮也。』」

證十：二十三、「立子以貴不以長，防愛憎也。《春秋傳》曰：『立適以長，
　　　　不以賢；立子以貴，不以長也。』」

證十一：二十六、「誅君之子不立者，義無所繼也。諸侯世位，象賢也；
　　　　今親被誅，絕也。《春秋傳》曰：『誅君之子不立。』」

證十二：三十、「京師者，何謂也？千里之邑號也。京大也，師眾也，天
　　　　子所居，故以大眾言之。明什倍諸侯，法日月之徑千里。《春秋傳》
　　　　曰：『京師，天子之居也。』」

證十三：三十一、「大夫將兵出，不從中御者，欲盛其威，使士卒一意繫
　　　　心也。故但聞軍令，不聞君命，明進退在大夫也。《春秋傳》曰：
　　　　『此受命于君如伐齊，則還何？大其不伐喪也。大夫以君命出，
　　　　進退在大夫也。』」

證十四：三十三、「誅不避親戚何？所以尊君卑臣，強幹弱枝，明善善惡
　　　　惡之義也。《春秋傳》曰：『季子煞其母兄，何善？爾不避母兄，
　　　　君臣之義也。』」

證十五：三十四、「諸侯有三年之喪，有罪且不誅何？君子恕已，哀孝子
　　　　之思慕，不忍加刑罰。《春秋傳》曰：『晉士（丐）帥師侵齊，至
　　　　穀，聞齊侯卒，乃還。』《傳》曰：『大其不伐喪也。』」

證十六：三十五、「王者諸侯之子，篡弒其君而立，臣下得誅之者，廣討
　　　　　　賊之義也。《春秋傳》曰：『臣弒君，臣不討賊，非臣也。』又曰：
　　　　　　『蔡世子班弒其君，楚子誅之。』」

證十七：三十七、「子得爲父報仇者，臣子之於君父，其義一也。忠臣孝
　　　　　　子所以不能已，恩義不可奪也。故曰：父之仇不與共天下，兄弟
　　　　　　之仇不與共國，朋友之仇不與同朝，族人之仇不共鄰。故《春秋
　　　　　　傳》曰：『子不復仇非子。』」

證十八：三十八、「父母以義見殺，子不復仇者，爲往來不止也。《春秋
　　　　　　傳》曰：『父不受誅，子不復仇可也。』」

證十九：四十、「討者何謂也？討猶除也。欲言臣當掃除弒君之賊也。《春
　　　　　　秋》曰：『衛人殺州吁于濮。』《傳》曰：『其稱人何，討賊之辭
　　　　　　也。』」

證二十：四十二、「襲者何謂也？行不假途，掩人不備也。《春秋傳》曰：
　　　　　　『其謂之秦何？夷狄之也。曷爲夷狄之？秦伯將襲鄭。』入國掩
　　　　　　人不備，行不假途，人銜枚，馬（韁）勒，晝伏夜行爲襲也。」

證二十一：四十五、「何以言災有哭也？《春秋》曰：『新宮火，三日哭。』
　　　　　　《傳》曰：『必三日哭何？禮也。』災三日哭，所以然者，宗廟先
　　　　　　祖所處，鬼神無形體，曰：今忽得天火，得無爲災所中乎，故哭
　　　　　　也。」

證二十二：四十六、「鼓用牲于社，社者眾陰之主，以朱絲縈之，鳴鼓攻
　　　　　　之，以陽責陰也。故《春秋傳》曰：『日有食之，鼓用牲于社。』」

證二十三：四十九、「不臣妻父母何？……《春秋》曰：『紀季姜歸于京
　　　　　　師。』父母之于子，雖爲王后，尊不加於父母，知王者不臣也。」

證二十四：五十、「又譏宋三世內娶於國中，謂無臣也。」

證二十五：五十二、「王者臣不得爲諸侯臣，以其尊當與諸侯同。《春秋
　　　　　　傳》曰：『寓公不世，待以初。』」

證二十六：五十三、「不名者，貴賢者而已，共成先祖功德，德加于百
　　　　　　姓者也。《春秋》單伯不言名，《傳》曰：『吾大夫之命于天子者
　　　　　　也。』」

證二十七：五十四、「盛德之士不名，尊賢也。《春秋》曰：『公弟叔肸。』
　　　　　　不名盛心之士者，不可屈以爵祿也。」

五十五、「諸父諸兄不名，諸父諸兄者；親與己父兄有敵體之義也。……《春秋傳》曰：『王札子何？長庶之稱也。』」（此條與五十四條（證二十七）同說『不名』之義。）

證二十八：五十六、「故后夫人以棗栗腶脩者，凡內修陰也。又取其朝早起，栗戰自正也。脩者脯也。故《春秋傳》曰：『宗婦覿用幣，非禮也。然則曷用棗栗云乎，腶脩云乎！』」

證二十九：五十七、「王者所以存二王之後何也？所以尊先王，通天下之三統也。……《春秋傳》曰：『王者存二王之後，使服其正色，行其禮樂。』」

證三十：六十、「《春秋》譏二名何？所以譏者，乃謂其無常者也。」

證三十一：六十一、「男女異長，各自有伯仲，法陰陽各自有終始也。《春秋傳》曰：『伯姬者何？內女稱也。』」

證三十二：六十六、「天子諸侯一娶九女者何？重國廣繼嗣也。……《春秋公羊傳》曰：『諸侯娶一國，則二國往媵之。以姪娣從，謂之姪者何？兄之子也。娣者何？女弟也。……必一娶何？防淫泆也，為其棄德嗜色，故一娶而已；人君無再娶之義也。備姪娣從者，為其必不相嫉（妒）也。一人有子，三人共之，若己生之也。』」

證三十三：六十七、「《公羊傳》曰：『叔姬歸於紀。』明待年也。」

證三十四：六十八、「所以不聘妾何？人有子孫欲尊之，義不可求人為賤也。《春秋傳》曰：『二國來媵。』可求人為士，不可求人為妾何？士即尊之漸，賢不止于士，妾雖賢，不得為嫡。」

證三十五：六十九、「《春秋傳》曰：『紀侯來朝。』紀子以嫁女於天子，故增爵稱侯，至數十年之間，紀侯無他功，但以子為天王后，故爵稱侯。知雖小國者，必封以大國，明其尊所不臣也。王者娶及庶邦何？開天下之賢士，不遺善也。故《春秋》曰：『紀侯來朝。』文加為侯，明封之也，先封之，明不與庶邦交禮也。」

七十、「諸侯所以不得自娶國中何？諸侯不得專封，義不可臣其父母。《春秋傳》曰：『宋三世無大夫，惡其內娶也。』」（《通義》此條與前四十九條（證二十三）重複。）

證三十六：七十二、「王者嫁女，必使同姓主之何？昏禮貴和，不可相答，

　　為傷君臣之義，亦欲使女不以天子尊乘諸侯也。《春秋傳》曰：『天子嫁女於諸侯，必使諸侯同姓者主之；諸嫁女於大夫，使大夫同姓者主之。』」

證三十七：七十七、「禮有取於三，故謂之三年，緣其漸三年之氣也。故《春秋傳》曰：『三年之喪，其實二十五月也。』」

證三十八：七十八、「諸侯有親喪，聞天子崩，奔喪者何？屈己親親，猶尊尊之義也。《春秋傳》曰：『天子記崩，不記葬者，必其時葬也。諸侯記葬，不必有時，諸侯為有天子喪尚奔，不得必以其時葬也。』」

證三十九：八十、「臣下有大喪，不呼其門者，使得終其孝道，成其大禮。故《春秋傳》曰：『古者臣有大喪，君三年不呼其門。』」

證四十：八十一、「臣死亦赴告於君何？此君哀痛於臣子也。欲聞之加賵贈之禮。故《春秋》曰：『蔡侯考父卒。』《傳》曰：『卒赴而葬不告。』」

證四十一：八十三、「諸侯夫人薨告天子者，不敢自廢政事，亦欲知之當有禮也。《春秋》曰：『天王使宰咺來歸惠公仲子之賵。』譏不及事。」

　　若李育以《難左氏義》四十一事發表於白虎觀會議，且今之《白虎通》即白虎觀會議之資料，則金德建之輯證當無可疑；而金德建之考證，亦間接證實《白虎通》乃白虎觀會議之資料無疑。然而，觀其四十一事輯證，實有諸多疑點有待考證。

　　首先，《後漢書》稱李育作《難左氏義》四十一事，應指李育批評《左氏傳》之解《春秋》中之四十一事例「更相非折，而多引圖讖」，故金德建將第五十五條與第五十四條（證二十七）視為同證，第七十條與第四十九條（證二十三）同證。但是，第三十條（證十二）與第四十九條（證二十三）同引《春秋公羊傳》桓公九年「春，紀季姜歸于京師」；〔註100〕第三十五條（證十六）與第三十七條（證十七）同引隱公十一年「冬十有一月壬辰，公薨」；

〔註100〕《春秋公羊傳》曰：「紀季姜歸于京師，其辭成矣，則其稱紀季姜何？自我言紀，父母之於子，雖為天王后，猶曰吾季姜。京師者何？天子之居也。京者何？大也。師者何？眾也。天子之居，必以眾大之辭言之。」《十三經註疏》（臺北：藝文印書館，1997年8月），第七冊《公羊傳》，頁61。

〔註101〕第五十三條（證二十六）與七十二條（證三十六）同引莊公元年「夏，單伯送王姬」；〔註102〕第六十六條與第六十八條同引莊公十九年「秋，公子結媵陳人之婦于鄄，遂及齊侯宋公盟」；〔註103〕金德建卻皆離析爲二證。

其次，金德建每舉一證，輒云：「此《通義》所說《公羊》爲何休所本而知出於李育之證」，其實亦未必然。例如第九條（證四），金德建曰：

> 按《春秋》三傳桓、文、宣、成、襄、昭、哀元年並有此文。《公羊》隱公元年傳何休注云：『惟王者然後改元立號，《春秋》託新王受命於魯，故因以錄即位，明王者當繼天奉元，養成萬物。』與《通義》『改元位也，王者改元事天地社稷』義符。此《通義》所說《公羊》爲何休所本而知出於李育之證四也。〔註104〕

考《春秋公羊傳》隱公「元年，春王正月」，〔註105〕並無何休「惟王者然後改元立號，《春秋》託新王受命於魯，故因以錄即位，明王者當繼天奉元，養成萬物」與《白虎通》「改元位也，王者改元事天地社稷」之義。此證只能證成《解詁》之說合於《白虎通》，若謂「此《通義》所說《公羊》爲何休所本而

〔註101〕《春秋公羊傳》曰：「何以不書葬？隱之也。何隱爾？弑也。弑則何以不書葬？春秋君弑，賊不討，不書葬，以爲無臣子也。子沈子曰：『君弑，臣不討賊，非臣也。不復讎，非子也。葬，生者之事也。春秋，君弑，賊不討，不書葬，以爲不繫乎臣子也。公薨，何以不地？不忍言也。隱何以無正月？隱將讓乎桓，故不有其正月也。』」《十三經註疏》（臺北：藝文印書館，1997年8月），第七冊《公羊傳》，頁41～42。

〔註102〕《春秋公羊傳》曰：「單伯者何？吾大夫之命乎天子者也。何以不稱使？天子召而使之也。逆之者何？使我主之也。曷爲使我主之？天子嫁女乎諸侯，必使諸侯同姓者主之。諸侯嫁女于大夫，必使大夫同姓者主之。」《十三經註疏》，頁73。

〔註103〕《春秋公羊傳》曰：「媵者何？諸侯娶一國，則二國往媵之，以姪娣從。姪者何？兄之子也。娣者何？弟也。諸侯壹聘九女，諸侯不再娶。媵不書，此何以書？爲其有遂事書，大夫無遂事，此其言遂何？聘禮，大夫受命不受辭，出竟，有可以安社稷利國家者，則專之可也。」《十三經註疏》，頁97。

〔註104〕《古籍叢考》，頁117。

〔註105〕《春秋公羊傳》曰：「元年者何？君之始年也。春者何？歲之始也。王者孰謂？謂文王也。曷爲先言王而後言正月？王正月也。何言乎王正月？大一統也。公何以不言即位？成公意也。何成乎公之意？公將平國而反之桓。曷爲反之桓？桓幼而貴，隱長而卑，其爲尊卑也微，國人莫知，隱長又賢，諸大夫扳隱而立之，隱於是焉而辭立，則未知桓之將必得立也，且如桓立，則恐諸大夫之不能相幼君也，故凡隱之立，爲桓立也。隱長又賢，何以不宜立？立適以長不以賢，立子以貴不以長。桓何以貴？母貴也。母貴則子何以貴？子以母貴，母以子貴。」《十三經註疏》，頁8～11。

知出於李育之證」，則未必然。又如第十八條（證七），金德建「按此引《春秋傳》雖未見《公羊傳》」；第五十二條（證二十五）「按《公羊傳》無此文」；第五十七條（證二十九）「按此未引《公羊傳》本文」；第六十七條（證三十三）隱公七年「叔姬歸于紀」與第六十九條（證三十五）桓公二年「紀侯來朝」，《公羊傳》皆有經文而無傳文，金德建卻仍持何休《解詁》之說視爲《白虎通》所說本之《公羊傳》。

至於第三十三條（證十四）金德建言：

> 按此引《公羊》莊公三十二年《傳》文曰：「季子殺母兄，何善爾？誅不得辟兄，君臣之義也。」何休《解詁》云：「以臣事君之義也，惟人君然後得申親親之恩。」亦與《通義》合。《解詁》「申親親之恩」，亦即《通義》「明善善惡惡之義」，此《通義》所說《公羊》爲何休所本而知出於李育之證十四也。〔註106〕

其實《解詁》「申親親之恩」與《通義》「明善善惡惡之義」文義並不一致。

第五十四條（證二十七）金德建言：

> 按此引《公羊》宣十七年《傳》文曰：「公弟叔肸卒」。何休《解詁》曰：「稱字者賢之。宣公篡立，叔肸不仕其朝，不食其祿，終身於貧賤。……禮，盛德之士不名，天子上大夫不名。」此與《通義》「盛德之士不名，尊賢也」「不可屈以爵祿」文義相合。此《通義》所說《公羊》爲何休所本而知出於李育之證二十七也。〔註107〕

按宣公十七年「冬，十有一月壬午，公弟叔肸卒」，《公羊》並無傳文。考之《穀梁傳》曰：

> 其曰公弟叔肸，賢之也。其賢之何也？宣弒而非之也，非之，則胡爲不去也？曰：兄弟也，何去而之？與之財，則曰：我足矣，織屨而食，終身不食宣公之食。君子以是爲通恩也，以取貴乎春秋。〔註108〕

可知《白虎通》言「盛德之士不名，尊賢也」、「不名盛德之士者，不可屈以爵祿也」，其義全襲《穀梁傳》，而金德建仍執意以爲「此《通義》所說《公羊》爲何休所本而知出於李育之證」。

金德建勉強拼湊四十一證，以符合《後漢書》載李育「作《難左氏義》四十一事」，其用心可知；然而引何休《解詁》比對《白虎通》，謂「《通義》

〔註106〕《古籍叢考》，頁123〜124。
〔註107〕《古籍叢考》，頁129。
〔註108〕《春秋穀梁傳》，頁123

此條，全合何休」，或云：「《通義》與何休合」，「何休《解詁》……與《通義》……義符」，「與《通義》說合」，「文義相合」，「文義相同」，「文義全合」，「義近」者，大概只能說明何休《解詁》符合《白虎通》之解《公羊傳》，至於是否可以將何休之《解詁》凡義符《白虎通》者，即視爲李育在白虎觀會議之意見，此說則有待考證。

再者，李育作《難左氏義》四十一事，乃泛指前人如陳元、范升之徒「多引圖讖，不據理體」以解《左氏傳》，並非針對賈逵而發；即使是針對賈逵而來，此四十一事在白虎觀會議之前，亦未必全然發表在會議之上；即使是四十一事完全發表在會議之中，大會亦未必全然接受。而何休雖「與其師博士羊弼，追述李育意以難二傳，作《公羊墨守》、《左氏膏肓》、《穀梁癈疾》」，〔註109〕然《後漢書·鄭玄傳》載：

> 時任城何休好《公羊》學，遂著《公羊墨守》、《左氏膏肓》、《穀梁癈疾》；玄乃發《墨守》，鍼《膏肓》，起《癈疾》。休見而歎曰：「康成入吾室，操吾矛，以伐我乎！」初，中興之後，范升、陳元、李育、賈逵之徒爭論古今學，後馬融荅北地太守劉懷及玄荅何休，義據通深，由是古學遂明。（卷三十五，頁1208）

可見何休所著《公羊墨守》等三書，受鄭玄之論難而承認失敗。李育與范升、陳元、賈逵等古文學家間之論難，《後漢書》雖稱李育「以《公羊》義難賈逵，往返皆有理證，最爲通儒」，實則，是李育「辯輸了」，〔註110〕正因爲李育不敵古文學家，章帝便在建初「八年，乃詔諸儒各選高才生，受《左氏》、《穀梁春秋》、《古文尚書》、《毛詩》，由是四經遂行於世。皆拜逵所選弟子及門生爲千乘王國郎，朝夕受業黃門署，學者皆欣欣羨慕焉」，古學至鄭玄答何休之時，已漸昌明。何休亦清楚李育與賈逵辯論之勝負，與古今學間之消長，特

〔註109〕《後漢書·儒林列傳》，卷七十九下，頁2583。
〔註110〕黃彰健以《白虎通》所引之說，證明李育與賈逵之論難，言：「此可證白虎議奏，經章帝裁決，此處仍從賈逵義，後漢書儒林傳說，李育與賈逵往復辯難，『均有理證』，其實是李育辨輸了的。」《經今古文學問題新論》，頁195。黃彰健以爲《白虎通》即白虎觀會議之成果，並以《白虎通》中所引《公羊傳》視爲李育之言，引《左氏》爲賈逵之語，進而以《白虎通》之中引《左氏》而不用《公羊》者，視爲李育論敗之證。其實，《白虎通》並非白虎觀會議之成果，故以《白虎通》中所引《公羊傳》視爲李育之言，引《左氏》爲賈逵之語，皆是一種謬誤。凡《白虎通》之中引《左氏》而不用《公羊》者，只能視爲《白虎通》之取捨態度，並不能當做李育論敗之證。

別是今文學家所興起之章句之學，乃是何休著《解詁》時極力避免之流弊。《春秋公羊傳・序》曰：

> 昔者孔子有云，「吾志在《春秋》，行在《孝經》」。此二學者，聖人
> 之極致，治世之要務也。傳《春秋》者非一，本據亂而作，其中多
> 非常異義可怪之論。說者疑惑，至有倍經任意，反傳違戾者，其勢
> 雖問，不得不廣，是以講誦師言，至於百萬，猶有不解。時加釀嘲
> 辭，援引他經，失其句讀，以無爲有，甚可閔笑者，不可勝記也。
> 是以治古學貴文章者謂之俗儒，致使賈逵緣隙奮筆，以爲《公羊》
> 可奪，《左氏》可興。恨先師觀聽不決，多隨二創。此世之餘事。斯
> 豈非守文持論，敗績失據之過哉？余竊悲之久矣。往者略依胡母生
> 條例，多得其正，故遂隱括使就繩墨焉。〔註111〕

何休既已知李育之說不敵古文學家，章帝又鼓勵古文學，故竊悲今文學家章句之學「倍經任意，反傳違戾」，「援引他經，失其句讀，以無爲有」，被古文學家視之爲「俗儒」，致使賈逵之流乘勢興《左氏》而奪《公羊》。何休既感歎今文學家「豈非守文持論，敗績失據之過」，豈可再重蹈李育之覆轍？況且，何休《春秋公羊解詁》乃是「略依胡母生條例，多得其正」，今胡母生之條例已不可考，何休是否全然接受李育四十一事之說，而完全記載於《解詁》之中，乃是一大疑問。《解詁》在白虎觀會議之後，因此，金德建舉《解詁》與《白虎通》之說「文義相合」、「文義相同」、「文義全合」、「義近」者，只能說明何休之《解詁》符合《白虎通》之解《公羊傳》；若謂《白虎通》舉《公羊傳》乃李育《難左氏義》之「四十一事」而全部被何休之《解詁》所承襲，則於理不通。

召馴，召馴字伯春，九江壽春人。

> （召馴）曾祖信臣，元帝時爲少府。父建武中爲卷令，倜儻不拘小
> 節。馴少習《韓詩》，博通書傳，以志義聞，鄉里號之曰「德行恂恂
> 召伯春」。累仕州郡，辟司徒府。建初元年，稍遷騎都尉，侍講肅
> 宗。拜左中郎將，入授諸王。帝嘉其義學，恩寵甚崇。出拜陳留太
> 守，賜刀劍錢物。元和二年，入爲河南尹。章和二年，代任隗爲光
> 祿勳，卒於官，賜冢塋陪園陵。（《後漢書・儒林列傳》卷七十九下，

〔註111〕《春秋公羊傳・序》：何休著（臺北：中華書局《四部備要》據永懷堂本校刊），
　　　　　頁 1～2。

頁 2573～2574）

召馴少習《韓詩》，且能博通書傳。建初元年稍遷騎都尉，侍講章帝，拜左中郎將。章和二年（88）代任隗爲光祿勳。

魏應，字君伯，任城人。

> （魏應）少好學。建武初，詣博士受業，習《魯詩》。閉門誦習，不交僚黨，京師稱之。後歸爲郡吏，舉明經，除濟陰王文學。以疾免官，教授山澤中，徒眾常數百人。永平初，爲博士，再遷侍中。十三年，遷大鴻臚。十八年，拜光祿大夫。建初四年，拜五官中郎將，詔入授千乘王伉。（《後漢書・魏應傳》卷七十九下，頁 2571）

> 應經明行修，弟子自遠方至，著錄數千人。肅宗甚重之，數進見，論難於前，特受賞賜。時會京師諸儒於白虎觀，講論《五經》同異，使應專掌難問，侍中淳于恭奏之，帝親臨稱制，如石渠故事。明年，出爲上黨太守，徵拜騎都尉，卒於官。（《後漢書・魏應傳》卷七十九下，頁 2571）

魏應少年時習《魯詩》，永平初爲博士，再遷侍中，十三年（70）遷大鴻臚、十八年（75）拜光祿大夫。建初四年拜五官中郎將，參與白虎觀會議。魏應因善於論難而深獲章帝重視，故章帝使魏應於議場之中，職在「專掌難問」、「主承制問難」，意即構思問題提供與會者討論，故理應不得參與討論其中。

樓望（22～101），字次子，陳留雍丘人。

> （樓望）少習《嚴氏春秋》。操節清白，有稱鄉閭。建武中，趙節王栩聞其高名，遣使齎玉帛請以爲師，望不受。後仕郡功曹。永平初，爲侍中、越騎校尉，入講省內。十六年，遷大司農。十八年，代周澤爲太常。建初五年，坐事左轉太中大夫，後爲左中郎將。教授不倦，世稱儒宗，諸生著錄九千餘人。年八十，永元十二年，卒於官，門生會葬者數千人，儒家以爲榮。（《後漢書・樓望傳》卷七十九下，頁 2580～2581）

樓望少習《嚴氏春秋》，永平中爲侍中，十八年代澤爲太常。建初五年（80），坐事左轉太中大夫，後爲左中郎將。世稱儒宗，儒家以爲榮。

成封，其學術未可知。

依史書所載，實際參與白虎觀會議之成員，凡以上所列十四人，章帝「稱制臨決」不在此列。而與會者中，魏應「承制問」，淳于恭「奏」，班固「撰

集其事」，三人職責分明，應非會議中之講議者；因此，實際參與講議者，可
考者有十一人。然而，章帝下詔太常以下，以至於諸生、諸儒，會白虎觀講
議《五經》同異，歷經「連月乃罷」，其規模之大不難想像；因此，實際參與
講議者，理應不止上述十一人，且此十一人之學術背景亦不能代表與會全體。
不過，由此十一人之官銜而言，已經涵蓋以太常爲首，以經學爲主軸之博士、
儒生一系，與以光祿勳爲首，以顧問論議爲主軸之大夫、議郎一系等二大系
統，此項頗能符合詔書中之論述。至於諸生、諸儒，乃是一種總稱，概指博
士門下之諸弟子；也正因爲諸生、諸儒不具官銜，若無顯赫之事跡，亦難登
錄青史。儘管如此，欲知當時與會者之學術背景，亦只能從如此有限之資料
「按圖索驥」。

　　在講議者之中，治《春秋》者：楊終以深曉《春秋》，李育少習《公羊春
秋》（且博覽書傳），樓望少習《嚴氏春秋》。治《尚書》者：丁鴻少年從桓榮
受《歐陽尚書》，桓郁傳父業以《尚書》教授，張酺少從祖父張充受《尚書》，
三者係同出桓榮《歐陽尚書》。治《詩》者：召馴少習《韓詩》（且博通書傳），
魯恭習《魯詩》。而賈逵悉傳賈徽學業（賈徽從劉歆受《左氏春秋》，兼習《國
語》、《周官》，又受《古文尚書》於塗惲，學《毛詩》於謝曼卿），劉羨則「博
涉經書」，二人非專治一經而名。至於成封之學術則無可考。

　　若以今古文學之立場區分，與會學者中，除賈逵（「從劉歆受《左氏春
秋》，兼習《國語》、《周官》、又受《古文尚書》於塗惲，學《毛詩》於謝曼
卿，作《左氏條例》二十一篇」、「兼通五家《穀梁》之說」）具有鮮明之古文
學立場，與班固（「博貫載籍，九流百家之言，無不窮究。所學無常師，不爲
章句，舉大義而已」）兼通古今學之外，大要皆屬今文經學者，故皮錫瑞以爲
《白虎通》是集今文經學之大成者。〔註112〕然而，《白虎通》文本所引經傳文
句，與白虎觀會議之與會者所學並不一致。莊述祖曰：

> 　　《白虎通義》雜論經傳。《易》則施、孟、梁丘經。《書》則伏生，
> 傳及歐陽、夏侯，大指相近，莫辨其爲，解故爲說義也；經二十九
> 篇外，有厥兆天子爵與五社（祀）之文，在亡逸中。《詩》三家，則
> 魯故居多，〈藝文志〉所云，最爲近之者，《韓內傳》、《毛故訓》亦
> 間入焉。《春秋》則《公羊》，而外間采《穀梁》、《左氏傳》與《古

〔註112〕皮錫瑞：《經學歷史》曰：「《白虎通義》猶存四卷，集今學之大成。十四博士
　　　　所傳，賴此一書稍窺崖略。」頁117

文尚書》，當時不立學官，書且晚出，雖賈達等以特明古學議北宮，而《左氏》義不見於《通義》，九族上湊高祖，下至元孫，書古文義也，在經傳之外備一說，不以爲尚書家言。《禮經》則今禮十七篇，并及《周官經》，傳則二戴，有〈諡法〉、〈三正〉、〈五帝〉、〈王度〉、〈別名〉之屬，皆記之逸篇也。《樂》則河間之記。《論語》、《孝經》、六藝並錄。傳以讖記，援緯證經，自光武以《赤伏符》即位，其後靈台郊祀，皆以讖決之，風尚所趨然也。故是書論郊祀、社稷、靈臺、明堂、封禪，悉隳括緯候，兼綜圖書，附世主之好，以繩道眞，違失六藝之本，視石渠爲駁矣。〔註113〕

由此可知，《白虎通》所論之經傳典籍文句，乃是博採眾說，今古並陳，甚至雜以讖記之文，援緯證經，乃風向所趨，附世主之好，並非今文經學家之「集大成者」。

　　章帝詔開白虎觀會議之目的，乃在講議《五經》同異，然由與會者之學術背景言，要皆集中在《尚書》（如丁鴻、桓郁與張酺等）、《春秋》（如賈達、楊終、李育與樓望等）與《詩》（如召馴、魯恭等）三經，即使再加魏應治《魯詩》、淳于恭治《老子》、班固治《齊詩》，依然缺少《易》、《禮》二經專家。與會者之專長所以集中在《春秋》、《尚書》、《詩》三經，固然是由於代表齊學之公羊家與代表魯學之穀梁家，自西漢以來對《春秋經》之詮釋不同，使《春秋經》之詮釋於《五經》之中最具爭議性；更重要之因素，乃在於劉歆於西漢哀帝建平元年（B.C. 6）請建立《左氏春秋》、《毛詩》、《逸禮》與《古文尚書》皆列於學官，所引發之今古文經之爭論；因此，與會學者大多集中於《春秋》、《尚書》、《詩》三經。然而，章帝詔書明白宣示，白虎觀會議之目的乃在「講議《五經》同異」，與會代表之學術所長，豈可偏廢《易》、《禮》二經專家？再者，從上述《白虎通》文本引述之典籍而言，引《禮》經傳者近四成（38.82%），幾近引《春秋》（19.14%）、《尚書》（13.27%）、《詩》（9.74%）經傳者之總合（42.15%），十一位與會學者竟然獨漏治《禮》學家？相較於歷史對「白虎通」之論述，實與《白虎通》文本差距甚大；若非史書之記載缺漏太多，今就與會者之學術背景而言，可能無法滿足白虎觀會議「講議《五經》同異」之目的，且與現行之《白虎通》文本內容不相應。

〔註113〕〈白虎通義攷〉，頁6～7。

第肆章 《白虎通》之思想理論

　　建構一項文本之思想義理，原本有許多不同研究方法，而決定使用何種研究方法，往往取決於研究目的與詮釋材料。就詮釋材料而言，可概分爲文本之「內容資料」與環繞文本以外之「外緣資料」二種。「外緣資料」係指文本以外之相關材料，諸如：文本之緣起、作者傳記、時代背景、歷史承傳等；而「內容資料」則專指蘊含可能意義之載體文本。「外緣資料」固然著重於歷史之考證，但是資料本身不等於歷史，資料必待詮釋始有作用意義；而「內容資料」雖著重於文本之詮釋，但亦必依附於歷史之考證，方有效力，始得週延，故兩者皆涉及史學與哲學問題。事實上，從歷史發展之角度而言，兩者亦密不可分，文本內容與外緣資料之詮釋，兩者不相妨礙，甚至是存在相互依存之關係。

第一節　陰陽五行之宇宙論

　　所謂「宇宙論」（cosmology），依現代哲學分類概有三義：一，「把宇宙作爲合理的和有秩序的系統加以研究的學科」；二，「偶與形上學（metaphysics）同義；對最廣泛和最普遍的概念（如空間、時間、物質、變化、運動、廣延、力、因果律、永恆）的研究」；三，「常指天文學的一個分支。作爲天文學分支，它根據觀察結果和科學方法論（methodology）試圖提出關於宇宙起源、結構、特性和發展的各種假說」；〔註 1〕「宇宙論」一辭意義頗爲繁複，既含

〔註 1〕彼得・A.安傑利斯著（Peter A. Angeies），段德智・尹大貽・金常政譯：《哲學辭典》（The HarperCollins dictionary of philosophy）（臺北：貓頭鷹出版社，2000

有普遍性概念之形上學，又有形而下意義之天文科學；歸納而言，「宇宙論」主要是以人類所生存之環境爲研究對象，並試圖對此一對象提出合乎人類理性思辨且具有組織架構之各種理論。故所謂「陰陽五行之宇宙論」，係指以「陰陽五行」之理論詮釋宇宙之緣起、發展、結構及其相關之問題。而所謂「陰陽五行」，乃是「陰陽」與「五行」兩種概念之複合詞，此複合詞又有廣、狹兩義：廣義之「陰陽五行」，乃指凡具有「陰陽」或「五行」之任一概念者，均有謂之；而狹義之「陰陽五行」，則是指「陰陽」與「五行」兩種概念相互融攝而成一種理論系統者。本節首先分析「陰陽」與「五行」兩種概念，再以此兩種概念推演出狹義之「陰陽五行說」，最後詮釋《白虎通》之「陰陽五行之宇宙論」。

一、陰陽與五行

《說文》曰：「陰，闇也。水之南，山之北也；從阜陰聲。」（頁 738）〔註2〕「陽，高明也；從阜易聲。」（頁 738）「陰」「陽」皆形聲字。段玉裁「陰」字下注曰：「闇者，閉門也。閉門則爲幽暗，故以爲高明之反。」並謂：「自漢以後通用此爲黔字，黔古作陰。夫造化陰易之气本不可象，故黔與陰、易與陰皆假雲日山阜以見其意而已。」（頁 738）周紹賢言：「陰陽二字，本爲解釋事物之代名詞，如男爲陽，女爲陰、日爲陽，月爲陰，晝爲陽、夜爲陰，前爲陽，後爲陰，煖爲陽，冷爲陰，剛爲陽，柔爲陰，整箇宇宙，可以陰陽二字括之。」〔註3〕唐君毅亦以爲：

> 由此思想，以看各種宇宙事物之抽象的存在範疇之相對，如空間中之上下、左右、前後、內外之相對；……皆可在不同之意義下，以陰陽之理說之。此則由於凡一切相對者，皆互爲隱顯，互爲消長，互爲進退，互爲出入。……而吾人能了解此一根本義，則不難以陰陽之理，說明一切相對者而統攝之。〔註4〕

換言之，宇宙中之每一事物，皆可劃分爲兩種不同屬性，而以陰陽統攝代表

年1月），頁85。

〔註 2〕〔漢〕許慎著，〔清〕段玉裁注：《說文解字注》（臺北：黎明文化事業，1989年9月）。

〔註 3〕周紹賢：《漢代哲學》（臺北：臺灣中華書局，1983年2月初版），頁39。

〔註 4〕唐君毅：《哲學原論》（下冊）（臺北：臺灣學生書局，1989年10月），頁135。

此兩種不同屬性。

在先秦典籍之中，論及陰陽較多者，應屬《易傳》。〔註5〕〈繫辭傳‧上〉曰：「一陰一陽之謂道」、「陰陽不測之謂神」、「陰陽之義配日月」；又，〈繫辭傳‧下〉曰：

> 陽卦多陰，陰卦多陽；其故何也？陽卦奇，陰卦耦。其德行何也？
> 陽一君而二民，君子之道也；陰二君而一民，小人之道也。
>
> 子曰：乾坤其易之門邪？乾，陽物也；坤，陰物也。陰陽合德，而
> 剛柔有體；以體天地之撰，以通神明之德。

在〈繫辭傳〉中，已經用陰陽兩種屬性解釋乾坤二元之概念，並以陰陽之消長說明道之由來與變化；因此，以陰陽兩種概念解釋宇宙之由來及其變化，在《易傳》之中似乎已然成形。〔註6〕故孫廣德（1929～）謂〈繫辭傳〉「將宇宙、人生、宗教、道德、政治連成一氣，而成為一套抽象而高深的哲學」，〔註7〕此說亦呼應李漢三所言，「陰陽說」發端於戰國中期之末。〔註8〕

在此須稍加說明，《易傳》雖以陰陽解釋天道人事變化，但是若以《易傳》做為先秦孔孟儒學代表作品之一，進而以此證明先秦儒學具有「陰陽說」之思想，則未必然。〔註9〕首先，《易傳》乃是戰國至秦漢之雜說編纂而成，並

〔註5〕《新編中國哲學史》（二）勞思光言《易傳》「蓋是取戰國至秦漢之雜說編纂而成」，頁72。日人今井宇三郎進一步細分《易傳》之成立年代，分別為：「（1）《小象傳》、《象傳》最古老，成立于先秦；（2）《繫辭傳》、《文言傳》繼之，成立于秦漢之際；（3）《大象傳》、《說卦傳》，以及《序卦傳》、《雜卦傳》最後，成立于前漢末期。」〈《易傳》中的陰陽和剛柔〉，收錄在（日）小野澤精一、福永光司、山井涌等編著‧李慶譯：《氣的思想》（上海：上海人民出版社，1992年6月），頁101。

〔註6〕《易傳》傳文論及陰陽，有〈象傳‧泰卦〉曰：「內陽而外陰，內健而外順。」〈否卦〉曰：「內陰而外陽，內柔而外剛。」此二段傳文，乃以陰陽解釋卦之柔順與剛健之屬性。〈象傳‧乾初九〉曰：「潛龍勿用，陽在下也。」〈坤初六〉曰：「履霜堅冰，陰始凝也。」此二段傳文，亦是以陰陽描述卦爻之屬性。〈文言傳‧乾〉曰：「潛龍勿用，陽氣潛藏。」其語意與〈象傳〉同類。

〔註7〕孫廣德：《先秦兩漢陰陽五行說的政治思想》（臺北：臺灣商務印書館，1993年六6月），頁19。

〔註8〕李漢三：《先秦兩漢之陰陽五行學說》（臺北：維新書局，1981年四4月），參考頁1～10。

〔註9〕梁啟超：「蓋孔子之哲學謂宇宙間有兩種力，（如電氣之有正負），相對待，相摩盪，斯為萬有之緣起。此兩種力難於表示，故以種種對待名詞形容之，如剛柔，動靜，消息，屈伸，往來，進退，翕闢等皆是；而陰陽亦其一也。就

不能代表孔門儒學之說；其次，在《易傳》中，以陰陽二字代表兩種相對待
之事物，乃是當時所慣用之詞，並非傳中所賦予之特殊意義，或者陰陽之說
始於此；若將此約定俗成慣用之詞視為後世「陰陽說」之起源，雖在理論上
可能成立，但與漢儒所言之「陰陽說」仍有一段差距。且若謂《易傳》中有
關陰陽之論述視為「成為一套抽象而高深的哲學」，則不免牽強附會，故勞思
光言：「舊說以為陰陽五行亦儒學中原有之觀念。此由不辨孔孟理論之真面目
所致。……至於繫辭，說卦等則更屢言『陰陽』。然此等作品均屬晚出，不能
用為漢儒以前儒學本言『陰陽』之證」。〔註10〕實則，以陰陽做為宇宙間兩種
相反而復相成之兩種屬性，並以陰陽說明天地萬物之由來與生成變化者，乃
是戰國時期之陰陽家。

《史記·太史公自序》曰：

> 嘗竊觀陰陽之術，大祥而眾忌諱，使人拘而多所畏；然其序四時之
> 大順，不可失也。（卷百三十，頁3289）

> 夫陰陽四時、八位、十二度、二十四節各有教令，順之者昌，逆之
> 者不死則亡，未必然也，故曰「使人拘而多畏」。夫春生夏長，秋收
> 冬藏，此天道之大經也，弗順則無以為天下綱紀，故曰「四時之大
> 順，不可失也」。（卷百三十，頁3290）

《漢書·藝文志》曰：

> 陰陽家者流，蓋出於羲和之官，敬順昊天，歷象日月星辰，敬授民
> 時，此其所長也。及拘者為之，則牽於禁忌，泥於小數，舍人事而
> 任鬼神。（卷三十，頁1734）

《史記》所說之陰陽家，職在「序四時之大順」、「春生夏長，秋收冬藏」、「天
道之大經」，可知其職主要在觀測天象，並以此知識教民，順時作息，其職與
天文、曆法及氣象專業有關。《尚書·堯典》曰：「乃命羲和，欽若昊天，麻
象日月星辰，教授人時。」〔註11〕由此可知，陰陽家與羲和之官兩者之工作

中言陰陽者，遠不如言剛柔，消息，往來者之多。與其謂『易以道陰陽』，毋
寧謂《易》以道剛柔消息也。要之陰陽兩字不過孔子『兩元哲學』之一種符
號；而其所用符號又不止一種。其中並不含有何等神祕意味，與矯誣之數更
去相遠。故謂後世之陰陽說導源於孔子，吾亦未敢承」。〈陰陽五行說之來歷〉
（《民國叢書》第四編據樸社1935年版影印），頁349。
〔註10〕《新編中國哲學史》（二），頁11～12。
〔註11〕〔漢〕孔安國傳·〔唐〕孔穎達正義：《尚書正義》（臺北：藝文印書館）《十

性質相當，故《漢書》謂「陰陽家者流，蓋出於羲和之官」。然而，陰陽家之工作內容，並非純然觀測天象、推演曆法節氣之科學研究，陰陽家另一項任務，則是將觀測環境資料所得，分別賦予象徵意義，使得自然循環之天道變化之規律，成爲天下人事之綱紀倫常。故《史記》稱其術「大祥而眾忌諱，使人拘而多所畏。」而《漢書‧藝文志》亦評之曰：「及拘者爲之，則牽於禁忌，泥於小數，舍人事而任鬼神。」（卷三十，頁 1734～1735）《史記》、《漢書》所描述之陰陽家及其特點，比較接近漢儒所言之「陰陽說」。

　　《漢書‧藝文志》所列陰陽家有二十一家（部），書中所載陰陽家之典籍，包括有關鄒衍學說《鄒子》四十九篇、《鄒子終始》五十六篇，多已亡失。梁啓超言陰陽與五行二詞在戰國以前其義甚平淡，且此二事從未併爲一談；造成「陰陽五行說」，「其始蓋起於燕齊方士；而其建設之，傳播之，宜負罪責者三人焉：曰鄒衍，曰董仲舒，曰劉向。」梁啓超將「陰陽五行說」建設與傳播之事，指向鄒衍。《史記》稱鄒衍「乃深觀陰陽消息而作迂怪之變，終始大聖之篇十餘萬言。」並稱鄒衍「稱引天地剖判以來，五德轉移，治各有宜，而符應若茲。」〈封禪書〉又載：「齊威、宣之時，騶子之徒論著終始五德之運，及秦帝齊人奏之」；〔註12〕值得注意者，司馬談論陰陽家時，尚未有「五行」成分，而《史記》論鄒衍陰陽之說，則有「五德」之說，故欲論鄒衍學說，先說明「五行」爲何。

　　「五行」一辭最早出現於《尚書》。《尚書‧甘誓》曰：「予誓告汝，有扈氏威侮五行，怠棄三正。」〔註13〕孔穎達疏：「五行之德，王者相承所取法。」〔註14〕此處所謂「五行」，乃指王者五種德行；《說文》曰：「行，人之步趨也。」（頁78）「行」指之步行，由此引申爲人應行之道。但「五行」之實際內容尚不可知。《尚書‧洪範》曰：

　　　箕子乃言曰：我聞在昔，鯀堙洪水，汩陳其五行。

　　　一五行：一曰水，二曰火，三曰木，四曰金，五曰土。水曰潤下，
　　　火曰炎上，木曰曲直，金曰從革，土爰稼穡。潤下作鹹，炎上作
　　　苦，曲直作酸，從革作辛，稼穡作甘。〔註15〕

　　　　三經注疏本》，頁21。
〔註12〕《史記‧封禪書》卷二十八，頁1368。
〔註13〕《尚書‧甘誓》卷七，頁98。
〔註14〕《尚書‧甘誓》卷七，頁98。
〔註15〕《尚書‧洪範》卷十二，頁169。

〈洪範〉所言「五行」，係指水、火、木、金、土等五種物質，並且說明此五種物質之個別屬性，及其屬性所對應之鹹、苦、酸、辛、甘等五種味覺。徐復觀解釋「五行」言：

> 一般所說的五行，是構成萬物的五種基本原素，有同於印度佛教之所謂四大。但對五行觀念的運用，卻主要是放在由這五種元素的相互關係，即所謂相生相勝的相互關係上面，以說明政治、社會、人生、自然各方面現象的變化。[註16]

徐復觀稱「五行」是「社會生活所必須的五種實用資材」，尚未涉及哲理與術數意義，《左傳》所謂「天生五材，民並用之」，概指此類；但是，運用五種元素之相生相勝之相互關係說明政治、社會、人生、自然各方面現象之變化，則是「五行說」理論之核心。但是，劉節（1901～1977）在〈洪範疏證〉一文，認爲此處之「五行兼五味而言，與《呂覽十二紀》，《禮記·月令》，《淮南子·時則訓》之說適合」；[註17] 此外，劉節並舉〈洪範〉內文，[註18] 以及《尚書》其他經文，總結認爲：〈洪範〉一篇出現戰國末期，且其中所載之五行說，即是騶衍一派之學說。徐復觀反駁劉節所論是「混亂牽傅，無一說可以成立」，[註19] 堅持認爲：「把〈洪範〉的五行與鄒衍的五行相附會，如後所說，並非始於鄒衍自己，而是西漢迁愚之儒所完成的；後世對〈洪範〉的解釋，蓋無不受此影響」；[註20] 至於《漢書》有所謂「則乾坤之陰陽，效〈洪範〉之咎徵」，其中引述〈洪範〉說五行，且漢代有《洪範五行傳》，〈洪範〉與「五行」發生緊密關聯，可能是漢儒附會之說。

「五行」做爲一種學說之代稱，可溯及《荀子》。《荀子·非十二子》嘗曰：

> 案往舊造說，謂之五行，甚僻違而無類，幽隱而無說，閉約而無解。案飾其辭而祇敬之曰：此其先君子之言也。子思唱之，孟軻和之，

〔註16〕 《中國人性論史》，頁519。

〔註17〕 劉節著：〈洪範疏證〉，收錄於《古史辨》第五冊，頁391。

〔註18〕 《尚書·洪範》：「初一曰五行；次二曰敬用五事；次三曰農用八政；次四曰協用五紀；次五曰建用皇極；次六曰又用三德；次七曰明用稽疑；次八曰念用庶微；次九曰嚮用五福；威用六極」，頁168；「二五事：一曰貌；二曰言；三曰視；四曰聽；五曰思。貌曰恭；言曰從；視曰明；聽曰聰；思曰容。恭作肅；從作義；明作晢；聽作謀；睿作聖」，頁170。

〔註19〕 《中國人性論史》，頁538。

〔註20〕 《中國人性論史》，頁552。

世俗之溝猶瞀儒嚾嚾然不知其所非也，遂受而傳之，以爲仲尼、子
游爲茲厚於後世；是則子思、孟軻之罪也。〔註21〕

楊倞注曰：「案前古之事而自造其說，謂之五行。五行，五常，……仁、義、
禮、智、信是也」，若依楊倞所言，則荀子豈不是反對仁、義、禮、智、信等
孔子思想之核心？章太炎駁議言：「五常之義舊矣；雖子思始唱之亦無損，荀
卿何譏焉？」其理由亦如此。況且儒學在當時與墨家並稱「顯學」，〔註22〕若
孟子從孔子之仁義禮智信學說，荀子豈會譏其爲僻違無類、幽隱無說、閉約
無解？對此一學術問題，梁啓超以爲子思及孟子學說，並無沾染「五行說」
之氣息，《荀子》中所言之「五行」，應與子思、孟子無關。然而，若「五行」
非子思、孟子之唱和，則荀子所非爲何？

　　顧頡剛考證以爲，《荀子》所謂「甚僻違而無類，幽隱而無說，閉約而無
解」之「五行」，係指騶衍「案往舊造說」——按照傳統舊有之「五行」加以
改造成一新學說，荀子誤將騶衍學說以爲是子思、孟子之言，故以「五行」
非議子思、孟子之學說，〔註23〕此說甚爲合理。《史記》將騶衍列傳附於〈孟
子荀卿列傳〉之中，傳中稱騶衍之學所歸「必止乎仁義節儉，君臣上下六親
之施」，因此，騶衍在當時被視爲儒家成員之一，故顧頡剛推論《荀子》所非
之對象乃指騶衍所傳之「五行」，亦不無可能。徐復觀對此一問題之看法，與
顧頡剛相似；不過，徐復觀反對將「五行說」源自於騶衍。徐復觀認爲，「不
僅〈洪範〉中未曾以五行配五事；即在鄒衍的五行新說已經流行的戰國末期
乃至秦，也還未以五行配五事」，〔註24〕而以五行配五事，是西漢初期「迂愚
之儒」所完成之事。就此而言，騶衍雖有五行之說，但是離漢儒用五行之觀
念「以說明政治、社會、人生、自然各方面現象的變化」之「五行說」，仍有

〔註21〕 李滌生：《荀子集釋》（臺北：臺灣學生書局，1988 年 10 月），頁 98。

〔註22〕 《韓非子・顯學》曰：「世之顯學，儒、墨也。儒之所至，孔丘也；墨之所至，
墨翟也。」陳啓天：《增訂韓非子校釋》（臺北：臺灣商務印書館，1985 年 12
月），頁 1。

〔註23〕 顧頡剛在〈五德終始說下的政治和歷史〉一文中認爲：一、騶衍爲儒家；
二、孟子與騶衍皆鄒人；三、騶衍是齊彩色之儒家，把儒家之仁義加上齊國
之怪誕，遂造成一新學派；四、後人傳訛，以爲騶衍新學說爲孟子之說，因
以騶衍之五行說成孟子之五行；五、因孟子受業於子思，遂將孟子之五行
說成子思之五行；故《荀子》所非之子思、孟子，即是騶衍之傳誤，而五行
說當是騶衍所造。《古史辨》第五冊，參考「五行說的起源」一節，頁 404～
410。

〔註24〕 《中國人性論史》，頁 551。

一段差距。徐觀復有此論斷，並無損於騶衍「案往舊造說」之五行說，故騶衍對於「五行說」仍居有重要關鍵地位。後世所謂「陰陽說」、「五行說」、甚至是「陰陽五行說」，亦無不受騶衍之影響。

二、陰陽五行

基本上，陰陽與五行兩種概念，在騶衍之前仍是各自獨立、自成系統，陰陽自陰陽，五行自五行，兩者純然是兩套理解事物之詮釋方式。陰陽之說在序四時之大順，陰陽、四時、八位、十二度、二十四節，各有教令，而陰陽家所長在以陰陽消息做為天道運行之法則，其職在敬順昊天，歷象日月星辰，並依此授于民時。而「五行」本是指人倫日用之五種資材，其後發展為分析自然事物與現象，並以此建構人世間之變化法則，至騶衍時，則發展成五德終始之說，提供一種解釋歷史更替之歷史觀。

在司馬談「論六家要旨」中，所指乃陰陽、儒、墨、名、法、道德等六家，且陰陽家之術，並未述及五行。《漢書・藝文志》載劉歆之〈諸子略〉，〔註25〕儒、道、陰陽、法、名、墨、縱橫、雜、農、小說等諸子百八十九家（部），所述陰陽家者流，職在「敬順昊天，歷象日月星辰，敬授民時」，亦與五行互不隸屬。但是〈藝文志〉在「數術」類中，又有「陰陽」十六家（部），其後有列「天文」二十一家（部）、「曆譜」十八家（部）、「五行」三十一家（部），顯示在漢代天文、曆譜等專業領域已從「陰陽家」分離，但皆歸屬「數術」一類。而〈藝文志〉謂：「陰陽者，順時而發，推刑德，隨斗擊，因五勝，假鬼神而為助者也。」顏師古注曰：「五勝，五行相勝也」，〔註26〕可見陰陽、五行兩者已然組成有別於「陰陽家」、「五行」之一套理論系統。鄺芷人稱：「太史公及班固所謂陰陽家，大抵是指戰國至漢初那些順鄒衍的五德終始說的路向，從天文、曆法、並配合陰陽五行之原則而論政教及人事吉凶的一群學者而言」，〔註27〕此說雖然「只限於戰國至漢初這段時期而言」；

〔註25〕《漢書・藝文志》卷三十載：「至成帝時，以書頗散亡，使謁者陳農求遺書於天下。詔光祿大夫劉向校經傳諸子詩賦，……每一書已，向輒條其篇目，撮其指意，錄而奏之。會向卒，哀帝復使向子侍中奉車都尉歆卒父業。歆於是總群書而奏其《七略》，故有〈輯略〉，有〈六藝略〉，有〈諸子略〉，有〈詩賦略〉，有〈兵書略〉，有〈術數略〉，有〈方技略〉」，頁1701。

〔註26〕《漢書・藝文志》卷三十，頁1760。

〔註27〕鄺芷人：《陰陽五行及其體系》（臺北：文津出版社，1992年12月初版），頁

但是必須進一步澄清：先秦之陰陽家固然以天文、曆法爲本業，但與五行無關，至漢而後，陰陽家與天文、曆法分離，反而與五行之說合流。

　　梁啓超認爲，陰陽與五行兩辭在戰國以前其義甚平淡，而將此兩事合併成一「陰陽五行說」，始於燕齊海上之方士，繼之建設與傳播者，首推騶衍。〔註28〕王夢鷗（1906～）更進一步指出：

　　　　從這學派的分歧來看，我們的結論卻與梁啓超相反：因爲他說陰陽
　　　　五行說創始於燕齊的方士，而鄒衍是其負責者之一；而我們則以
　　　　爲：把原有的陰陽說加入五行說中起消息作用的，是創自鄒衍；並
　　　　由他傳與燕齊海上之方士。〔註29〕

相較於梁啓超之說，王夢鷗反而認爲，「把原有的陰陽說加入五行說中起消息作用」之陰陽五行說，乃是創始於騶衍，並且由騶衍傳與燕齊海上之方士，適與梁啓超之說相反。雖然兩人對於陰陽五行說之源流見解相反，但皆肯定燕齊方士與騶衍之際已然完成「陰陽五行說」。王夢鷗言：

　　　　我們認爲鄒衍之最大的創說，是把古已有之「陰陽」與「五行」兩
　　　　種觀念合而爲一，使它成爲宇宙諸現象的原動力。根據這原動力，
　　　　在他一生至少寫過兩部書，一是小型的，五行之一年一周的終始；
　　　　一是大型的，五行之從天地割（剖）判以來一朝一代的終始。前者
　　　　是王居明堂而行的時令，後者是受命而帝的制度。前者在「陰陽消
　　　　息」的原理上注意其「相繼生」的一面，後者則注重其「相代勝」
　　　　的一面。〔註30〕

王夢鷗認爲，騶衍「把古已有之『陰陽』與『五行』兩種觀念合而爲一，使它成爲宇宙諸現象的原動力」，繼之以此原動力解釋「五行之一年一周的終始」與「五行之從天地割（剖）判以來一朝一代的終始」。但是，一年之終始與朝代更迭之終始，兩者皆使用「五行」之觀念；甚至「王居明堂而行的時令」之「相繼生」與「受命而帝的制度」之「相代勝」，亦是以「五行」之觀念加

　　　45；又言：「第一可能情形是：……第三可能情形是：天文者、曆法（譜）者
　　　　及五行者皆爲陰陽家。我們以爲第三種情形的可能性最大，這當然只限於戰
　　　　國至漢初這段時期而言，以後的天文家就很少再被稱作陰陽家了」，頁42。
〔註28〕〈陰陽五行說之來歷〉：「其始蓋起於燕齊方士；而其建設之，傳播之，宜負
　　　　罪責者三人焉：曰鄒衍，曰董仲舒，曰劉向。」
〔註29〕王夢鷗，《鄒衍遺說考》（臺北：臺灣商務印書館，1966 年 1 月臺初版），頁
　　　　15。
〔註30〕《鄒衍遺說考》，頁 56。

以推演，其中並不涉及「陰陽」之觀念；其後言「『陰陽消息』的原理上注意其『相繼生』的一面」，使五行與陰陽產生繫聯。李漢三亦以為：

> 史遷對鄒衍之學，介紹頗詳，似曾讀其書者。謂衍觀「陰陽消息」而著書，則其學自當本始於陰陽說。謂衍稱引「天地剖判以來，五德轉移，治各有宜，而符應若茲」，則其學，又顯然滲入五行無常勝說（以五行說歷代帝王德）。觀其治學，於歷史，申今以衡；於地理，由近以喻遠，純委諸驗小測大之類推法，亦無非陰陽五行方物之故技。觀其說史，專及歷代大體盛衰，機祥度制，則疑為左傳占測術之引申。凡此即可見鄒衍之學，蓋鎔鑄陰陽五行兩說於一爐者。〔註31〕

李漢三稱鄒衍因「深觀陰陽消息」故其學「自當本始於陰陽說」，又因鄒衍「稱引天地剖判以來，五德轉移，治各有宜，而符應若茲」故其學「又顯然滲入五行無常勝說」，其結論是鄒衍乃「鎔鑄陰陽五行兩說於一爐者」。然而，據李漢三所舉《史記》、《漢志》、《文選》、《呂氏春秋》之例，皆只是五德終始之言，仍不見所謂「陰陽五行說」；其後李漢三舉三事，欲以證明鄒衍將陰陽五行兩說合一，論證稍嫌不足。〔註32〕然而，孫廣德同李漢三之說，亦以為「鎔鑄陰陽五行兩說於一爐者」，便是鄒衍。孫廣德所舉理由，除《史

〔註31〕《先秦兩漢之陰陽五行學說》，頁51～52。

〔註32〕李漢三論鄒衍將陰陽五行合一舉三例：其一，李漢三稱鄒衍有言：「春取榆柳之火，夏取棗杏之火，季夏取桑柘之火，秋取柞楢之火。冬取槐檀之火」此言乃鄭注《周禮·夏官司爟》引鄒子之言，此言不涉及陰陽；即使後續何晏《集解》、皇侃《義疏》所論亦僅止於五德終始說；況且賈公彥疏曰：「故各引其一言，春取榆柳之等舊師，皆以為取五方之色同，故用之。今按棗杏雖赤，榆柳不青，槐檀不黑，其義未聞。」然李漢三更擴大引申之：「此顯以『季夏』當夏秋之際，為兩分四時之所在，而以土寄王之。此兩分法，以春夏為陽，以秋冬屬陰，則固為陰陽說所長，而為五行說所短。茲合一運用之，所有缺欠，不已可補救，而較為圓融乎？」李漢三詮釋範圍已然超出鄭注文本？其二，李漢三引《白虎通》論五行篇，「此五行二陽三陰之說，雖為後起，然自其演進之跡觀之，亦知鄒衍原即合陰陽五行於一爐也」，若暫依李漢三所考，鄒衍之新陰陽五行說在西曆前270年左右，而《白虎通》在西曆79年後，兩者相距近三百五十年，有何理由證明《白虎通》之說是「鄒衍之學為陰陽與五行之結合尤明」，此說乃倒果為因？其三，李漢三稱鄒衍論五行之德次，以土為先；並舉《史記·秦始皇本紀》稱土以先為貴，土於五行之中地位最高；李漢三此例，仍難以看出鄒衍如何將陰陽與五行結合為一？故李漢三所舉三事，其實只是一事，且其一事又引述東漢鄭玄引鄒衍一句，故其所持理據並不充分。《先秦兩漢之陰陽五行學說》，頁55～56。

記・孟子荀卿列傳》外，另有〈封禪書〉曰：「自齊威王時，鄒子之徒，論終始五德之運，及秦帝，而齊人奏之，始皇採用之。」《淮南子・齊俗訓》高誘註引《鄒子》曰：「五德之次，從所不勝，故虞土，夏木，殷金，周火。」《文選・魏都賦》李善註引《七略》曰：「鄒子終始五德，從所不勝，土德後，木德繼之，金德次之，水德次之，火德次之。」又有《漢書・藝文志・陰陽家》載有「《鄒子》四十九篇」，班注：「名衍，齊人，爲燕昭王師，居稷下，號談天衍」，「《鄒子終始》五十六篇。」顏師古謂：「亦鄒衍所說」。〔註33〕其結論是：「第一、鄒衍既是談陰陽又談五行，是把陰陽五行合流了。第二、他把陰陽用作怪迂之變，又拿五行相勝解說朝代更替，是他有所創造。第三、他有不少的著作，是他的說法不是零碎片斷，而是相當有系統的學說。這些，在他之前都沒有人做過，所以我們說把陰陽五行合起來造成一種新說的人是鄒衍。這種新說就是陰陽五行說。」〔註34〕然而，除《史記》之外，高誘與李善之注，所及僅在五德；《漢書・藝文志》所載亦只有書名篇數，如何證明鄒衍「將陰陽五行合起來造成一種新說」？況且《史記》所載亦不足以證明鄒衍「把陰陽五行合起來造成一種新說」。其後，林麗娥言：「考陰陽家者，本應稱爲『陰陽五行家』，其創爲學派，蓋起於鄒衍的合古陰陽、五行說爲一開始。」其所持理由同出王夢鷗之說。〔註35〕大致而言，自梁啓超宣布合陰陽與五行兩事爲一是鄒衍後，學界普遍支持此一論調，並在此基礎下積極尋求更有效之證據。然究其實，引發「陰陽五行說」始於鄒衍之諸多揣測，當以《史記》所載，易於引人遐思。

　　《史記・孟子荀卿列傳》稱鄒衍「乃深觀陰陽消息而作怪迂之變，終始、大聖之篇十餘萬言。」又說其「稱引天地剖判以來，五德轉移，治各有宜，而符應若茲。」鄒衍或許兼習陰陽與五行兩說，然而鄒衍是否將陰陽、五行合而爲一，整合成一種新學說，史書中尙未述及。誠如徐復觀所言：「但就現在可以看到的材料看，鄒衍是不是把五德運轉，與陰陽消息，組成一個系統；亦即是他是不是把五行視爲由陰陽二氣所分化而出，因而把五行也融入到四時中去，並不明瞭；而且我認爲其可能性甚小。因爲在他，是以陰陽消息爲天道運行的法則；以五德終始爲歷史運行的法則；所以在《史記》中

〔註33〕《先秦兩漢陰陽五行說的政治思想》，參考第一章第一節，頁31～32。
〔註34〕《先秦兩漢陰陽五行說的政治思想》，頁32。
〔註35〕《先秦齊學考》，頁345～346。

提到時，總是分作兩事。」〔註36〕至若〈封禪書〉、《文選注》、《漢書》等書，皆只單就騶衍之陰陽，或者五行講，並未言明騶衍如何治陰陽與五行於一說，甚至成一家之言。

三、「陰陽五行說」之意蘊及其理論架構

　　爭辯騶衍是否爲「陰陽五行說」之開創者之焦點，端賴所謂「陰陽五行說」之意義爲何。前已述及，若是只要涉及「陰陽」或「五行」兩種觀念其中之一，或兼論兩種者，便可謂廣義之「陰陽五行說」；則騶衍學說當然是「陰陽五行說」，先秦之陰陽家亦可稱之陰陽五行家。就狹義而言，若將「陰陽五行說」視爲一有機組織者，「陰陽」與「五行」兩者，不僅不相排斥，且能相輔相成構不可分割之整體，意即「陰陽五行」是一獨立而完整之思維模式，如此方可稱爲「陰陽五行說」，則騶衍及燕齊海上之方士，顯然無法滿足此一條件，若此，則先秦並無所謂「陰陽五行說」。

　　騶衍學說在入漢之前已經失傳，其所謂陰陽、五行說，只能依靠零星記載拼湊而成，不易形成一套有效論述。因此，對陰陽五行學說發展起決定性作用者，可推《呂氏春秋》，在《呂氏春秋》中，論述具有嚴密之思想體系，尤其是對於陰陽與五行說之描述，條理分明，對於後世之陰陽五行說，產生重大影響。〔註37〕《呂氏春秋·大樂篇》曰：

　　　　太一出兩儀，兩儀出陰陽。陰陽變化，一上一下，合而成章。〔註38〕

〔註36〕徐復觀，《兩漢思想史》（臺北：臺灣學生書局，1976年6月初版，1993年9月初版第五次印刷），卷二〈呂氏春秋及其對漢代學術與政治的影響〉一節，頁11。

〔註37〕《史記·呂不韋列傳》載：「呂不韋乃使其客飲飲著所聞，集論以爲八覽、六論、十二紀，二十餘萬言。以爲備天地萬物古今之事，號曰《呂氏春秋》」，卷八十五，頁2510；《漢書·藝文志》列《呂氏春秋》二十六篇爲雜家，乃「秦相呂不韋輯智略士作」，可知其書非一人所成。《漢書·藝文志》又謂：「雜家者流，蓋出於議官。兼儒、墨，合名、法，知國體之有此，見王治之無不貫，此其所長也。及盪者爲之，則漫羡而無所歸心」，卷三十，頁1742；撰著動機或曰「以秦之彊羞不如」，不過附庸風雅，炫世釣名；然觀其文兼採各家，所論不宗一家之言，其書或有統一學術思想、或有「將欲爲一代興王之典禮」，亦未可知。徐復觀之《中國人性論史》言：「凡稱陰陽而又牽連到五行的文獻，幾乎可以斷定都是《呂氏春秋》以後的文獻。」頁575。

〔註38〕朱永嘉，蕭木注譯：《新譯呂氏春秋》（臺北：三民書局，1995年八8月），卷五，頁209。

又〈知分篇〉曰：

> 陰陽者，造乎天而成者也。天固有衰嗛廢伏，有盛盈蚡息；人亦有
> 困窮屈匱，有充實達遂；此皆天之容，物理也，而不得不然之數
> 也。〔註39〕

依此可見《呂氏春秋》描述宇宙生成之過程：陰陽於太一中生出，而陰陽二
氣於一上一下即一消一息之間生出天地萬物，並且作用於天地萬物之中。因
為陰陽運行有其一定之理，故有四季不同變化，四季變化正顯示出陰陽消息
之結果，故帝王之施政，甚至帝王之作息，必須配合四季變化即陰陽運行之
原則而有所調整。〔註40〕《呂氏春秋》其他篇章，如卷六〈音律篇〉對陰陽
消息之說份量亦多，然大多以陰陽解釋氣候，以氣候定農事作息，偶而旁及
律法。

相對於陰陽之論述，五行說或其所引申之「五德終始說」在《呂氏春秋》
之中顯然著墨更多。《呂氏春秋》一季分三紀：孟、仲、季，四季有十二紀，
故十二季是把一年分成十二等分；然四季為配合五行，故在〈季夏紀〉之末，
另立一章安插「中央土」。〔註41〕根據〈十二紀〉所記，有以：時、方、天干、
帝、蟲、音、數、味、祀、臟、禾、器、色、等對應配五行；換言之，在《呂
氏春秋》之觀念中，天地萬物皆可依五行之屬性化成五類。《呂氏春秋》將所

〔註39〕《新譯呂氏春秋》，卷二十，頁 1222。

〔註40〕例如卷一〈孟春紀〉曰：「〔四〕是月也，天氣下降，地氣上騰，天地合同，
草木繁動。王布農事：命田舍東郊」，頁 11；卷三〈季春紀〉曰：「是月也，
生氣方盛，陽氣發泄，生者畢出，萌者盡達，不可以內。天子布德行惠，命
有司，廢倉廥，賜貧窮，振乏絕，開府庫，出幣帛，周天下。勉諸侯，聘名
士，禮賢者」，頁 105；卷五〈仲夏紀〉曰：「〔四〕是月也，日長至。陰陽爭，
死生分。君子齋戒，……退嗜慾，定心氣。百官靜，事無刑，以定晏陰之所
成」，頁 205；卷十〈孟冬紀〉曰：「〔三〕是月也，天子始裘。命有司曰：『天
氣上騰，地氣下降，天地不通，閉而成冬。』命百官，謹蓋藏」，頁 451；卷
十一〈仲冬紀〉曰：「〔三〕是月也，日短至。陰陽爭，諸生蕩。君子齋戒，……
禁嗜慾，安形性，事欲靜，以待陰陽之所定」，頁 504。

〔註41〕《新譯呂氏春秋》曰：「中央土：其日戊己。其帝黃帝。其神后土。其蟲倮。
其音宮。律中黃鐘之宮。其數五。其味甘。其臭香。其祀中霤。祭先心。」
卷六，頁 257。《新譯呂氏春秋》分析此書安插「中央土」於〈季夏紀〉之末
另立一章，言：「此篇第五章，實為又一篇月令，即所謂『中央土』。按陰陽
五行說，五行、五方與四時相配，勢必缺少一季，致使五行中的『土』、五方
中的『中央』，無所歸屬。為了彌合這個空缺，《管子》把『中央土』安插在
夏秋之間，本書則於〈季夏紀〉之末另立一章」，頁 249。

有之人事地物皆分爲五類，而以五類分別部居於五行之下，使一切人事安排
得到合理解釋。《呂氏春秋》以五行之屬性其規範天地萬物之結果，固有其困
難，而勉強分類之結果，往往產生學說內在性之矛盾，故每於人事行政上自
相淆亂而無以釋疑。例如上述之以四時之數分配於五行之下，其解決之法，
乃在季夏之月之末增加「中央土」，以符合五行之數之要求。〔註42〕

　　《呂氏春秋》不僅將五行說用於時令，並且以五行相勝之理造就其「五
德終始說」，以此解釋朝代更替之由，做爲帝王受命代與之歷史規律。〈應同
篇〉（原作「名類」）曰：

> 凡帝王者之將興也，天必先見祥乎下民。黃帝之時，天先見大螾大
> 螻，黃帝曰「土氣勝」，土氣勝，故其色尚黃，其事則土。及禹之時，
> 天先見草木秋冬不殺，禹曰「木氣勝」，木氣勝，故其色尚青，其事
> 則木。及湯之時，天先見金刃生於水，湯曰「金氣勝」，金氣勝，故
> 其色尚白，其事則金。及文王之時，天先見火，赤烏銜丹書集于周
> 社，文王曰「火氣勝」，火氣勝，故其色尚赤，其事則火。代火者必
> 將水，天且先見水氣勝，水氣勝，故其色尚黑，其事則水。水氣至
> 而不知，數備，將徒於土。〔註43〕

帝系之終始，配合五行相勝之理，以土爲首，次木，金，火，水；凡一朝受
命於天，必配以一德，因五行無常勝，五行輪替，周而復始，朝代更換亦如
是，故帝王隨其五德之盛衰而與亡；黃帝因土氣盛而起，亦因木氣盛而衰；
如此至水氣盛，若不知數備，則土氣復起。

　　《呂氏春秋》之「五德終始說」說，影響後世頗爲深遠。直接受其影響
者，便是秦始皇得此而重用之。〔註44〕《漢書·郊祀志》曰：「齊人鄒子之徒

〔註42〕田鳳台於《呂氏春秋探微》書中指出，《呂氏春秋》以五行配四時乃牽強附會
　　　　之詞，其列舉因在夏秋之際加入「中央土」所產生之淆亂現象言：「然此中央
　　　　之土，如居季夏之月，以居處論，天子本居明堂右側，此則又云天子居太廟
　　　　太室。以器用服食論，天子本乘朱輅、駕赤駠、衣赤衣、服赤玉，此則又云：
　　　　天子乘大輅、駕黃駠、戴黃旂、衣黃衣、服黃玉。原食菽與雞，其器高以牭。
　　　　此又云：食稷與牛，其器圜以揜，實係自形淆亂」，（臺北：臺灣學生書局，
　　　　1986年3月初版），頁183。
〔註43〕《新譯呂氏春秋》，卷十三，頁616。
〔註44〕《史記·秦始皇本紀》曰：「始皇推終始五德之傳，以爲周得火德，秦代周德，
　　　　從所不勝。方今水德之始，改年始，朝賀皆自十月朔。衣服旄旌節旗皆上黑。
　　　　數以六爲紀，符、法冠皆六寸，而輿六尺，六尺爲步，乘六馬。更名河曰德
　　　　水，以爲水德之始。剛毅戾深，事皆決於法，刻削毋仁恩和義，然後合五德

論著終始五德之運，始皇采用。」可見《呂氏春秋》之五德終始說有若干部分繼承騶衍學說；不過，若以此認定秦始直接採取騶衍之說則未必然，而當以始皇「通過合著《呂氏春秋》的呂氏門客而採用其說」爲宜。〔註45〕《呂氏春秋》五德終始說雖未必屬首創，但憑其組織嚴密之構思，奠定後世推演帝王遞嬗之原則，五德終始成爲詮釋政權興替史歷循環論之基型。

自《呂氏春秋》之後，陰陽五行說在漢代儼然成爲一門顯學，而「造此邪說以惑世誣民」，其建設之，傳播之罪，董仲舒承擔三分之一之責。徐復觀言：「受〈十二紀〉影響最大者當爲董仲舒。他繼承了〈十二紀紀首〉陰陽五行的觀念，並作了極煩瑣地發展。此觀於《春秋繁露》一書而可見。……要了解漢代學術的特性，便不能不了解董仲舒思想的特性及其在兩漢中所佔的重要地位。而董仲舒思想的特性，可以說是全是〈十二紀紀首〉發展出來的。」〔註46〕又言：「陰陽五行思想，在西漢形成了更完整的格架，因而發生了更大的影響，應當是出初董仲舒。」〔註47〕董仲舒對傳統陰陽五行不僅有所承繼，且更進一步將兩者予以系統化、理論化，並以此學說實施於政治主張之上，使陰陽五行學說不僅止於學術上討論，且深切影響人倫日用之中。

董仲舒以治《公羊春秋》著稱，並推陰陽之說而爲當時儒學正宗。〔註48〕董仲舒曰：

> 陽氣始出東北而南行，就其位也，西轉而北入，藏其休也；陰氣始出東南而北行，亦就其位也，西轉而南入，屏其伏也。是故陽以南方爲位，以北方爲休；陰以北方爲位，以南方爲伏。陽至其位，而大暑熱；陰至其位，而大寒凍；陽至其休，而入化於地；陰至其伏，而避德於。是故夏出長於上，冬入化於下者，陽也；夏入守虛地於下，冬出守虛位於上者，陰也。〔註49〕

之數。」卷六，頁237～238。

〔註45〕《兩漢思想史》卷二，頁8。

〔註46〕《兩漢思想史》，「《呂氏春秋》及其對漢代學術與政治的影響」，頁58。

〔註47〕《中國人性論史》，頁578。

〔註48〕《漢書・董仲舒傳》曰：「董仲舒，廣川人也。少治《春秋》，孝景時爲博士。下帷講誦，弟子傳以久次相授業，或莫見其面。蓋三年不窺園，其精如此。」卷五十六，頁2495。又《漢書・五行志》曰：「漢興，承秦滅學之後，景、武之世，董仲舒治《公羊春秋》，始推陰陽，爲儒者宗。」卷二十七上，頁1317。

〔註49〕賴炎元註譯：《春秋繁露今註今譯》（臺北：臺灣商務印書館，1984年5月），

一年所以有四時變化，乃是由於陰陽兩氣之流行。陽氣始出東北而南行，以南方當位，休藏於北方；陰氣則始出東南，以北方當位，屏伏於南方；因為陰陽兩氣相反流行於四方，所以形成四時不同氣侯。董仲舒以陰陽兩字統攝四時之生成變化，此種解說與傳統之說類似；不過，以陰陽兩氣解釋自然環境之變化，其中涉及天道思想。

> 天道大數，相反之物也，不得俱出，陰陽是也。春出陽而入陰，秋出陰而入陽，夏右陽而左陰，冬右陰而左陽：陰出則陽入，陽出則陰入，陰右則陽左，陰左則陽右，是故春俱南，秋俱北，而不同道；夏交於前，冬交於後，而不同理；並行而不相亂，澆滑而各持分，此之謂天之意。〔註50〕

此說論述與上文類似，且較上文更為具體。陰陽同是天道之數，春、夏、秋、冬四時變化，乃是由於陰陽兩氣之出入、左右相反作用之結果，而陰陽兩氣所以相反且並行而不亂，乃是天意如此。

> 天地之常，一陰一陽。陽者，天之德也，陰者，天之刑也。跡陰陽終歲之行，以觀天之所親而任，成天之功，猶謂之空，空者之實也，故清溧之於歲也，若酸鹹之於味也，僅有而已矣，聖人之治，亦從而然；天之少陰用於功，太陰用於空，人之少陰用於嚴，而太陰用於喪，喪亦空，空亦喪也。是故天之道以三時成生，以一時喪死，死之者，謂百物枯落也，喪之者，謂陰氣悲也。天亦有喜怒之氣，哀樂之心，與人相副，以類合之，天人一也。〔註51〕

陰陽兩氣雖是相反之物而同屬天道之數，陰陽流行固是出於天意，而人存在天地之間，同受陰陽之氣，故人事當以天道為倣法與遵循之對象。董仲舒以陰象徵天之刑，以陰表現其惡；以陽象徵天之德，以陽表現其善；陰陽兩氣皆是天道運行之表現；因天有陰陽兩氣施於大地，人亦由天生地長，故人亦有善惡之心，皆是出於天之意志決定。因此，人當以天之意志為標準，效法天之法則，故於政治上亦有刑德之分，與其刑德存在必要。然而，董仲舒所尊崇乃在「任德不任刑」，自是不能德刑並重，董仲舒以此告戒人主「莫明於在身之與天同者而用之，使喜怒必當義而，如寒暑之必當其時乃發也，使德

　　　卷十二，頁305～306。

〔註50〕《春秋繁露‧陰陽出入》卷十二，頁311。

〔註51〕《春秋繁露‧陰陽義》卷十二，頁309。

之厚於刑也，如陽之多於陰也」，〔註52〕〈天道無二〉又曰：「天之任陽不任陰，好德不好刑，如是。故陽出而前，陰出而後，尊德而卑刑之心見矣。」〔註53〕天雖有陰陽，然多行陽氣；人主雖有刑德，必要多行德政。以陰陽象徵善與惡非始於董仲舒，然則，以陰陽判爲刑與德，並依此發展出一套學說，則非董仲舒莫屬矣。

董仲舒釋「五行」曰：

> 天有五行：一曰木，二曰火，三曰土，四曰金，五曰水。木，五行之始也，水，五行之終也，土，五行之中也，此其天次之序也。木生火，火生土，土生金，金生水，水生木，此其父子也。木居左，金居右，火居前，水居後，土居中央，此其父子之序，相受而布。是故木受水而火受木，土受火，金受土，水受金也。諸授之者，皆其父也；受之者，皆其子也；常因其父，以使其子，天之道也。是故木已生而火養之，金已死而水藏之，火樂木而養以陽，水剋金而喪以陰，土之事火竭其忠。故五行者，乃孝子忠臣之行也。五行之爲言也，猶五行歟？是故以得辭也。〔註54〕

所謂「五行」所指及其順序是：木、火、土、金、水，由木生火，由火生土，由土生金，由金生水，由水再生木。因五行之間有生受關係，生者爲父，受者爲子，生受、父子皆是相對而論，故五行皆可以爲父，可以爲子，皆可生，亦可受。概言之，五行之間是一種循環關係，董仲舒稱此秩序是「天次之序」，是屬於自然運行之規則；然而，董仲舒依此自然秩序類比於人際倫常，更進一步要求，人倫秩序必須以自然秩序爲準則。依此而言，子受父生，故子要孝父；君生臣受，故臣需忠君。再進一步說，五行生受之秩序，是人倫秩序之模範，五行所以得名，乃是做爲五種人倫行爲準則之意，故董仲舒之五行相生之說，是「**體現出人類的倫常——君臣、父子的關係，闡發人類道德的根源**」，〔註55〕不唯如此，董仲舒此一五行相生推論人倫秩序，其著眼處，更是在爲其天人合一思想尋求一套理論結構基礎。

五行之間不僅有相生之功能，同時亦存著相勝之矛盾關係。〈五行相生〉曰：「行者，行也，其行不同，故謂之五行。五行者，五官也，比相生而間相

〔註52〕《春秋繁露・陰陽義》卷十二，頁310。
〔註53〕《春秋繁露・天道無二》卷十二，頁314。
〔註54〕《春秋繁露・五行之義》卷十一，頁286～287。
〔註55〕《春秋繁露今註今譯》，頁12。

勝也」，〔註56〕所謂「比相生」，指鄰近兩行之相生關係；「間相勝」，指間隔之兩行相互克制之意，如金勝木，水勝火，木勝土，火勝金，土勝水等。董仲舒以五行類比於五官，並以五行安置官職之權分之制：木者司農，火者司馬，土者君之官，（其相司營）金者司徒，水者司寇；由此可知，董仲舒乃是藉五行相勝之概念以達到宣傳治政之目的；反之，董仲舒之官職編制思想源自於五行學說亦未嘗不可。

　　董仲舒與《呂氏春秋》之五德終始說秩序不同，《呂氏春秋》強調五行相勝之說，故其順序只是單向循環；而董仲舒五行之說，兼具相生與相勝，不僅可以相生，且可以相勝。至於五行相勝之說，可以推溯騶衍；而五行相生之說，是否創自董仲舒，則不能確定。〔註57〕陰陽與五行之統合，在《呂氏春秋》〈十二紀紀首〉中，以四時爲中心，將陰陽五行搭配成一套初具間架之體系；董仲舒之陰陽五行學說，乃承續此一系統，發展成更爲緊密之結構，而以天道，或者天志統攝一切陰陽五行。

　　《春秋繁露·天道無二》曰：

> 天之常道，相反之物也，不得兩起，故謂之一；一而不二者，天之
> 行也。陰與陽，相反之物也，故或出或入，或右或左，春俱南，秋
> 俱北，夏交於前，冬交於後，並行而不同路，交會而各代理，此其
> 文與！〔註58〕

此說除重申陰陽兩氣之流行所造成四時變化之外，再次強調陰與陽之出入、左右，乃陰與陽之運行方向不同，雖相反而不兩起，並行而不同路，皆只是天之道行而已，天之道與天之行，只是一而不二。所以有四時變化，乃陰陽兩氣不同方向所造就之盛衰情形而成，天道是一，化爲陰陽，陰陽乃天道之不同表現，非謂有「獨陰」或「獨陽」單一現象。〈天辨在人〉曰：

> 如金木水火各奉其主，以從陰陽，相與一力而并功，其實非獨陰陽
> 也，然而陰陽因之以起，助其所主。故少陽因木而起，助春之生也；
> 太陽因火而起，助夏之養也；少陰因金而起，助秋之成也；太陰因

〔註56〕《春秋繁露·五行相生》卷十三，頁334。
〔註57〕淩曙註：《春秋繁露註》引《博物志》稱：「自古帝王五運之次有二說，騶衍以五行相勝爲義，劉向則以相生爲義，漢魏共尊劉說」，若依據《漢書》所載，則董氏之說應在劉向之前。世界書局據《皇清經解續編》影印，頁302。
〔註58〕《春秋繁露·天道無二》卷十二，頁314。

水而起，助冬之藏也。〔註59〕

陰陽兩氣之運行路徑相反，故有「當令」之說。當陰氣運行至其「當令」之位，即北方之位時，則天氣便冷；反之，陽氣運行至南方之位時，則天氣便熱。陰陽二氣如此相反運行，故有四時之分；又如此周而復始運行，董仲舒便視其爲天道運行之規律。然則只有陰陽之運行並不能造成氣候，必需與五行配合始能奏效。董仲舒以爲，金木水火等四行本已各據一方，後與陰陽所成之結果搭配，形成一種氣候，四行便有四時：少陽合木爲春，太陽合火爲夏，少陰合金爲秋，太陰合水爲冬。〈五行相生〉曰：

> 天地之氣，合而爲一，分爲陰陽，判爲四時，列爲五行。

董仲舒以「一」統攝天地之氣，一分爲二，成陰陽二氣，陰陽二氣運行而成四時，陰陽二氣所列爲五行。若單論五行，則可以有相生與相勝之循環論；然而若欲以五行與四時合論，則四時與五行在數量上無法配合，董仲舒對此問題解決之法，乃將土行獨立出來，而以木對春，以火對夏，以金對秋，以水對冬，如此便可使五行與四時相提並論。〈五行對〉曰：

> 土者，火之子也，五行莫貴於土，土之於四時，無所命者，不與火分功名：木名春，火名夏，金名秋，水名冬，忠臣之義，孝子之行取之土；土者，五行最貴者也，其義不可以加矣。〔註60〕

〈五行之義〉曰：

> 土居中央，爲之天潤，土者，天之股肱也，其德茂美，不可名以一時之事，故五行而四時者，土兼之也，金木水火雖各職，不因土，方不立，若酸鹹辛苦之不因甘肥不能成味也。甘者，五味之本也，土者，五行之主也，五行之主土氣也，猶五味之有甘肥也，不得不成。〔註61〕

董仲舒將土行位階提高至帝王之上，一方面使五行可以配合四時，另一方面，則將帝王之位獨立於五官之上，彰顯帝王之尊貴。雖然董仲舒將帝王之地位主觀化，加深帝王權威之絕對化；但是若以五行相生與相勝之觀念而言，則天命之帝王仍須納入此一天道體系之中，五官仍具有某種形式之力量，以制衡至高無上之君權；剋就此言，則董仲舒以陰陽五行說倡導之政治主張，並

〔註59〕《春秋繁露・天辨在人》卷十一，頁302。
〔註60〕《春秋繁露・五行對》卷十，頁279。
〔註61〕《春秋繁露・五行之義》卷十一，頁287。

非單純只在宣揚君權至上之觀念，其中亦有深意存焉。

四、《白虎通》之陰陽五行說

　　《白虎通》中有關「陰陽」、「五行」之論述基調，大要不脫《呂氏春秋》與董仲舒思想樊籬，但對於「陰陽五行」思想體系，則較之兩者更為完整與成熟。對於宇宙之形成過程，《白虎通》如此描述：

> 始起先有太初，然後有太始，形兆既成，名曰太素。混沌相連，視之不見，聽之不聞，然後判清濁。既分精曜出布，庶物施生。精者為三光，號者為五行。五行生情性，情性生汁中，汁中生神明，神明生道德，道德生文章。故〈乾鑿度〉云：「太初者，氣之始也；太始者，形之始也；太素者，質之始也。陽唱陰和，男行女隨也。」
> （卷九〈天地〉，頁 500～501）

《白虎通》描述宇宙之起源與形成，宇宙形成之初，先有「太初」，後有「太始」，形成名曰「太素」，「太初者，氣之始也；太始者，形之始也；太素者，質之始也」，宇宙之初只是氣，氣然後有形，形然後有質。《白虎通》以此三者描述宇宙未分天地前之三種階段；而太素乃是宇宙形成初期「視之不見，聽之不聞」，「混沌相連」之原始狀態，此乃是宇宙之起緣及其發展過程。自太素分判，以清濁之氣散布於天地之間，並施生於庶物：輕清者為天，故精者為三光；重濁者為地，故號者為五行。自五行生情性，情性生汁中，〔註 62〕汁中生神明，神明生道德，道德生文章。換言之，天地之三光、五行，及其一切精神與物質皆由太初而起，因太素而有；太素分陰與陽，陰陽兩氣交互作用，則生木、火、土、金、水之五行，由五行生萬物。故陰陽乃是太素變化為五行之過渡階段，〈乾鑿度〉云：「陽唱陰和，男行女隨也。」天地萬物之生死流變，皆源於陰陽調和之結果，故天地萬物在結構上具有同質性。

　　陰陽兩氣之作用，乃是天道流行之結果。《白虎通》曰：

> 所以必有晝夜何？備陰陽也。日照晝，月照夜。日所以有長短何？陰陽更相用事也。故夏節晝長，冬節夜長，夏日宿在東井，出寅入戌。冬日宿在牽牛，出辰入申。（卷九〈日月〉，頁 506～507）

〔註62〕「汁中」或作「斗中」。珠林引虞喜《天文論》云：「精者為三光，為五行。五行生情性，情性生斗中，為神明，神明生道德，道德生文章。」

月有小大何？天左旋，日月右行。日日行一度，月日行十三度。月及日為一月，至二十九日，未及七度，即三十日者，過行七度，日不可分，故月乍大乍小，明有陰陽也。（卷九〈日月〉，頁508）

歲時何謂？春夏秋冬也。時者，期也，陰陽消息之期也。（卷九〈四時〉，頁510）

天道所以左旋，地道右周何？以為天地動而不別，行而不離，所以左旋。右周者，猶君臣陰陽，相對之義也。（卷九〈天地〉，頁502）

一日之中所以有晝夜，乃是有陰陽；晝夜所以有長短，陰陽有消長。一月所以有大小，乃是日月右行，因日不可分數，故凡一月行未及七度者，即為小月二十九日，過七度者，即為大月三十日；因有陰陽，故月有大小。一歲所以有春夏秋冬四時之分，亦是陰陽消息之循環週期，《白虎通》曰：「十二月足以窮盡陰陽，備物成功。」（卷五〈三軍〉，頁238）故一歲十二月即是陰陽循環之週期，四時足以窮盡陰陽。天體左旋而地面右周，形成日月四時之不同變化，亦無非是陰陽兩氣交互作用之結果，故陰陽造成日有晝夜、月有大小、歲有四時之不同變化，且週而復始。質言之：陰陽兩氣之變化形成天道之交替；反之，天道之交替即是陰陽兩氣之變化；故天道即陰陽，陰陽即天道。

陰陽不僅是天道運行之動力，亦是產生宇宙萬物之質料，人既是稟陰陽氣而生，故人內在之性情亦必含陰陽之氣。《白虎通》曰：

性情者，何謂也？性者陽之施，情者陰之化也，人稟陰陽氣而生，故內懷五性六情。情者靜也，性者生也，此人所稟六氣以生者也。故〈鉤命決〉曰：「情生于陰，欲以時念也；性生于陽，以就理也。陽氣者仁，陰氣者貪，故情有利欲，性有仁也。」（卷八〈性情〉，頁451）

人因稟陰陽之氣而生，故生而有陰陽之氣；陰陽之氣不僅構成人之生理生命，並且決定人內在之本質。人之內在本質為性情，陽氣主性而生仁，陰氣主情而生貪，人內懷五性六情，有仁貪之性情，皆是陰陽之氣所致。《白虎通》引〈鉤命決〉之言，以性屬陽說明仁與理之由來，以情屬陰說明貪與欲之所生，人既有陰陽之氣，故有「五性六情」之內容。《白虎通》曰：

五性者何？謂仁、義、禮、智、信也。（卷八〈性情〉，頁452）

六情者何謂也？喜、怒、哀、樂、愛、惡謂六情，所以扶成五性。

（卷八〈性情〉，頁 452）

所謂「五性」，即指仁、義、禮、智、信，仁者「施生愛人」，義者「斷決得中」，禮者「履道成文」，智者「見微知著」，信者「專一不移」；所謂「六情」，則指喜、怒、哀、樂、愛、惡。「五性六情」乃陰陽之氣施化於人之結果，形成人之內在本質，決定人之行爲表現。《白虎通》曰：

性所以五，情所以六何？人本含六律五行之氣而生，故內有五藏六府，此情性之所由出入也。（卷八〈性情〉，頁 453）

人之所以有「五性六情」，乃源於人本於六律五行之氣而生，故人身有五藏六府，性情由身體之藏府外化成行爲表現。雖云人之「五性」「六情」皆陰陽之氣註定，皆是人之內在本質，但「五性」「六情」不僅內容不同，更有主從之分、動靜之別。《白虎通》以氣之陰陽言「性」「情」，「性」屬陽，是動態之創生，「情」屬陰，是靜態之呈現；其所強調者，著重在「性」是動態之創生，具有「可轉化之義」；〔註63〕且「情」是「性之欲」後而有，所謂「六情」「所以扶成五性」，「情」之作用乃在輔翼「性」，以「性」支配「情」。

《白虎通》認爲人之五性乃是一種常道。

樂以象天，禮以法地，人無不含天地之氣，有五常之性者。（卷三〈禮樂〉，頁 112）

以爲天地之性人爲貴，人皆天所生也，託父母氣而生耳。（卷五〈誅伐〉，頁 257）

雖云天地萬物皆是陰陽之氣所生，然而人含天地之氣，有仁、義、禮、智、信五常之性，是人潛藏之本質，故天地之性以人爲貴。五常既是人潛藏之本質，即意味著人雖有五常之性，未必人人可以表現出仁、義、禮、智、信；人非聖賢，且性有可轉化之義，故唯有透過教化，始能發揮五常之性，成就

〔註63〕 唐君毅言：「對此人性之善惡，以一陰陽之氣說之之另一價值，即在此中之氣之一名，乃初含動態義者。氣雖有陰陽之別，而陰陽恆可相繼而互轉。由此而性之可轉化之義，亦在說性爲氣之性時，較易顯出。如只說性爲物之性，因物可不含動態，則性可轉化之義不顯。……然氣之一名，則自始涵其流行變化之義者。故即氣言性者，雖分氣爲陰陽，謂其一向善而其一向惡，仍恆重其可轉化之義。」《中國哲學原論・原性篇》（香港：新亞書院研究所，1968年 2 月），頁 121。

五常之德。《白虎通》曰：

> 經所以有五何？經，常也。有五常之道，故曰《五經》。《樂》仁，
> 《書》義，《禮》禮，《易》智，《詩》信也。人情有五性，懷五常不
> 能自成，是以聖人象天五常之道而明之，以教人成其德也。（卷九〈五
> 經〉，頁531）

經書所載內容是人應行之常道，而經書所以有五部，乃是因為人有五常之
性，而五性是潛藏之本質，故聖人以《五經》之常道教化，使人之五性充分
發揮，成就五常之德。因為人稟陰陽之氣而有五常之性，故《五經》之數並
非偶然，完全是為配合人五常之性而有；不僅經書如此，人倫秩序亦是應合
五常之性，意即陰陽之氣而行。

　　人稟陰陽兩氣而生，陰陽施化人之情性，故人之一切言行舉止，無不制
約於陰陽兩氣。人稟陰陽而有情性，而情性乃人之大欲，故男女之交成夫婦，
乃人倫之始。〔註64〕人之所以有男女之分，且男女各有所長，乃是陰陽各自
有終始變化不同所形成；〔註65〕甚且男女之結合，且能廣繼後嗣，亦是循陰
陽變化備物成功之理。《白虎通》曰：

> 庶人稱匹夫者，匹，偶也，與其妻為偶，陰陽相成之義也。（卷一
> 〈爵〉，頁29）

> 人承天地施陰陽，故設嫁娶之禮者，重人倫廣繼嗣也。（卷十〈嫁
> 娶〉，頁536）

> 七歲之陽也，八歲之陰也，七八十五陰陽之數備，有相偶之志。（卷
> 十〈嫁娶〉，頁539）

> 嫁娶必以春何？春者天地交通，萬物始生，陰陽交接之時也。（卷十
> 〈嫁娶〉，頁552）

> 所以昏時行禮何？示陽下陰也，昏亦陰陽交時也。（卷十〈嫁娶〉，
> 頁582）

男女因情性而成夫妻，故人道所以設嫁娶之禮，夫妻匹偶，重人倫廣繼嗣，
乃是承天地施化陰陽，陰陽相成之義。至若男三十而娶妻，女二十而嫁，

〔註64〕《白虎通》曰：「人道所以有嫁娶何？以為情性之大莫若男女，男女之交，人
　　　　倫之始，莫若夫婦。」卷十〈嫁娶〉，頁535。

〔註65〕《白虎通》曰：「男女異長，各自有伯仲，法陰陽各自有終始也。」卷九〈姓
　　　　名〉，頁495。

〔註66〕嫁娶必以春為期,昏禮所以在昏時舉行,亦是配合陰陽之數,與陰陽交接之時也。因此,由人之生而有性情,有性情而有男女、夫婦人倫,無一不是承天地施化陰陽,陰陽相成之義,人生一切過程,不過是陰陽相成之作用。

夫妻匹偶乃是配合陰陽相成之道,在政治上,王者執政之道,及君臣對待之關係,亦是以陰陽之義為範本。《白虎通》曰:

> 天子所以有靈臺者何?所以考天人之心,察陰陽之會,揆星辰之
> 證,驗為萬物,獲福無方之元。(卷六〈辟雍〉,頁314)

王者執政必要有「靈臺」,以觀天人之際、陰陽之會,始能掌握萬物變化之理,獲得無盡之福報。王者至上之福報,無非天下太平,而王者致太平之道,乃在能調和陰陽。《白虎通》曰:

> 天下太平,符瑞所以來至者,以為王者承天統理,調和陰陽,陰陽
> 和,萬物序,休氣充塞,故符瑞並臻,皆應德而至。(卷六〈封禪〉,
> 頁335)

王者承天命統理天下萬事,首重在調和陰陽,陰陽調和始能序列萬物,庥氣充塞於天地之間,故符瑞乃應天下太平並臻,應王者之德而至。

> 王者必一質一文者何?所以承天地,順陰陽,陽之道極則陰道受,
> 陰之道極則陽道受,明二陰二陽不能相繼也。(卷八〈三正〉,頁
> 435)

王者治理之對象,無非天地之間,故王者治天下必順陰陽之道,順陰陽者必以一質一文,「質法天,文法地而已」。〔註67〕甚至王者以射選士以為輔佐,亦是為調和陰陽。〔註68〕

《白虎通》以陰陽規範人道秩序,陰陽乃成人道倫常之規律。人倫秩序主要表現在「三綱六紀」。所謂「三綱」,指君臣、父子、夫婦等三項主從關係,君為臣綱,父為子綱,夫為妻綱;「六紀」,謂諸父、兄弟、族人、諸舅、

〔註66〕《白虎通》曰:「男三十而娶,女二十而嫁何?陽數奇,陰數偶也。男長女幼者何?陽道舒,陰道促。……陽舒而陰促,三十數三終,奇,陽節也;二十再終,偶,陰節也。陽小成於陰,大成於陽,故二十而冠,三十而娶。陰小成於陽,大成於陰,故十五而笄,二十而嫁也。」卷十〈嫁娶〉,頁537~540。

〔註67〕《白虎通》,卷八〈三正〉,頁436。

〔註68〕《白虎通》曰:「所以必因射助陽選士者,所以扶微陽而抑其強,和調陰陽,戒不虞也。」卷五〈鄉射〉,頁292。

師長、朋友等六種親戚師友對待之道。〔註69〕人倫所以需要綱紀，乃是人皆
有五常之性，有親愛之心，故設綱紀可以「張理上下，整齊人道」。〔註70〕《白
虎通》曰：

> 君臣、父子、夫婦，六人也，所以稱三綱何？一陰一陽謂之道，陽
> 得陰而成，陰得陽而序，剛柔相配，故六人爲三綱。（卷八〈三綱六
> 紀〉，頁443）

君臣、父子、夫婦之三項主從關係，乃是呼應陰陽相配之義，陽無陰不成，
陰無陽則失序，陰陽剛柔相濟，始可謂之人道。人道取象無非以陰陽爲準繩。
《白虎通》曰：

> 三綱法天地人，六紀法六合。君臣法天，取象日月，屈信歸功天也；
> 父子法地，取象五行，轉相生也；夫婦法人，取象人合陰陽，有施
> 化端也。（卷八〈三綱六紀〉，頁444）

三綱六紀所法者，乃是以天爲中心而開展之陰陽五行之說。君臣法天，此
「天」係指人格意義之「天」，其中涉及政治意義；父子法地，取象五行相生
相繼之作用；而夫婦法人，取象陰陽生化萬物之義。

在《白虎通》之觀念中，陰陽是由太素變化而來，陰陽兩者雖然是相反
而相成之兩種抽象之概念，但兩者不能截然二分，甚至對立，陰陽仍是一體
之兩面，兩者不僅不能獨立存在，並且必須交互配合，始能產生作用，所謂
「一陰一陽謂之道，陽得陰而成，陰得陽而序」即是此一道理。雖然，《白虎
通》偶而使用陰陽指涉相對性之兩物，如日月、男女、君臣等之概念，但所
指或陰或陽，皆是一種方便稱呼，表示所指之陰陽成分多寡不同，非謂單純
之陰或陽。陰陽是天道運行變化之主因與動力，而且是人道三綱六紀之倫常
規範，但是，陰陽交互作用出天地萬物，及表現出千差萬別之面相，其具體
表現則有賴「五行」。

所謂「五行」，《白虎通》曰：

> 五行者，何謂也？謂金、木、水、火、土也。言行者，欲言爲天行

〔註69〕《白虎通》曰：「三綱者何謂也？謂君臣、父子、夫婦也。六紀者，謂諸父、
兄弟、族人、諸舅、師長、朋友也。」卷八〈三綱六紀〉，頁442。
〔註70〕《白虎通》曰：「何謂綱紀？綱者張也，紀者理也，大者爲綱，小者爲紀，所
以張理上下，整齊人道也。人皆懷五常之性，有親愛之心，是以綱紀爲化，
若羅網之，有紀綱而萬目張也。《詩》云：『亹亹文王，綱紀四方。』」卷八〈三
綱六紀〉，頁442～443。

氣之義也。地之承天，猶妻之事夫，臣之事君也，其位卑，卑者親視事，故自同於一行尊於天也。《尚書》曰：「一曰水，二曰火，三曰木，四曰金，五曰土。」水位在北方，北方者陰氣，在黃泉之下，任養萬物。水之為言淮也，養物平均，有淮則也。木在東方，東方者，陽氣始動，萬物始生。木之為言觸也，陽氣動躍，觸地而出也。火在南方，南方者，陽在上，萬物垂枝。火之為言委隨也，言萬物布施。火之為言化也，陽氣用事，萬物變化也。金在西方，西方者，陰始起，萬物禁止。金之為言禁也。土在中央，中央者土，土主吐含萬物。土之為言吐也。何以知東方生？〈樂記〉曰：「春生，夏長，秋收，冬藏。」土所以不名者，地，土之別名也，比於五行最尊，故不自居部職也。〈元命苞〉曰：「土無位而道在，故大一不與化，人主不任部職。」（卷四〈五行〉，頁198～201）

所謂「行」，《說文》曰：「行，人之步趨也。」（頁78）《白虎通》釋之為「天行氣之義」，《白虎通》所謂「五行」，乃指金、木、水、火、土。意即，五行乃天道運行之軌跡，因為五行運行之結果，產生四時，而四時所以有差異變化，乃是出於陰陽盛衰變化之理。所以四時少陽為春，太陽為夏，少陰為秋，太陰為冬，皆是「氣」所導致之故，亦是陰陽五行消息變化所致。《白虎通》曰：「所以名之為東方者，動方也，萬物始動生也；南方者，任養之方，萬物懷任也；西方者，遷方也，萬物遷落也；北方者，伏方也，萬物伏藏也。」（卷四〈五行〉，頁206～207）五行與其對應之四時：木，位在東方，東方者陽氣始動，對應春季主生；火，位在南方，南方者陽氣用事，對應夏季主長；金，位在西方，西方者陰始起，對應秋季主收；水，位在北方，北方者陰氣，對應冬季主藏；故〈樂記〉曰：「春生，夏長，秋收，冬藏。」此說亦承襲董仲舒之說。〔註71〕而土，位在中央，中央者主吐含萬物，亦名為地，於五行之中最尊，且不與四時對應，此亦承襲董仲舒之舊說；〔註72〕《白

〔註71〕《春秋繁露・五行對》曰：「春主生，夏主長，季夏主養，秋主生，冬主藏，藏，冬之所成也。」頁278。

〔註72〕《春秋繁露・五行對》曰：「土者，火之子也，五行莫貴於土，土之於四時，無所命者，不與火分功名；……土者，五行最貴者也，其義不可以加矣。」頁279；又〈五行之義〉曰：「土居中央，為之天潤，土者，天之股肱也，其德茂美，不可名以一時之事，故五行而四時者，土兼之也，金木水火雖各職，不因土，方不立，若酸鹹辛苦之不因甘肥不能成味也。甘者，五味之本也，土者，五行之主也，五行之主土氣也，猶五味之有甘肥也，不得不成。」頁287。

虎通》引〈元命苞〉曰：「土無位而道在，故大一不與化，人主不任部職。」
〔註73〕將人主類比於五行中之土，土既無位且不與四時對，故人主於爵稱之
中最尊貴，且不專屬於某一部職，不受其他外力制約，此說亦與其政治思想
有關。質言之，天以五行展現天道之運行，地乃承續天道而有，故地上之人
事，如君臣、夫婦之尊卑關係，亦當以天道爲規範。《白虎通》引陰陽尊卑之
理做爲人倫政治君臣、夫妻關係之常模，具有政治倫理之作用；其後引〈元
命苞〉之語，亦是從董仲舒五行之義，說明《白虎通》企圖以陰陽五行學說
做爲其政治理論之依據。

　　《白虎通》之五行，乃是藉陰陽兩氣之運行而存在，意即五行是陰陽二
氣所運行而成，故宇宙可以理解爲陰陽兩氣所成，亦可以說是由五行所成，
陰陽與五行，可以視爲分析萬物之兩種系統。唯須稍加說明，陰陽與五行兩
種系統，在先秦之前，各自獨立，互不隸屬，至騶衍時，雖同時提及兩說，
但仍僅以陰陽消息言怪迂之變，以五德終始論歷史之轉移，猶未能將陰陽、
五行視爲同質且相容之系統；而將陰陽與五行結合成一套系統者，首推董仲
舒，《白虎通》則進一步將陰陽、五行緊密融合成一套不可分割之理論系統，
並以此一系統詮釋宇宙萬物生化之過程。《白虎通》將陰陽與五行成功且有效
之整合，可從其論述五行之屬性時，益發明顯。

　　《白虎通》曰：「五行各自有陰陽。」（卷四〈五行〉，頁 225）五行既是
由陰陽兩氣變化而有，五行本身必然含有陰陽之氣。前已述及，陰陽兩氣不
可獨立存在，「陽之道極則陰道受，陰之道極則陽道受」，「陽得陰而成，陰得
陽而序」，《白虎通》中或稱陰，或稱陽，只是方便稱呼，並未有絕對之陰或
陽；故陰陽變化爲五行，並非質之突變，而是量之多寡不均所導致之不同結
果，五行各自有陰陽兩氣，只是其中所含之陰陽成分不同而已。《白虎通》論
五行之性曰：

> 五行之性，或上或下何？火者，陽也尊，故上；水者，（陰）也卑，
> 故下；木者少陽；金者少陰，有中和之性，故可曲直從革；土者最
> 大，苞含物，將生者出，將歸者入，不嫌清濁爲萬物。《尚書》曰：
> 「水曰潤下，火曰炎上，木曰曲直，金曰從革，土爰稼穡。」五行
> 所以二陽三陰何？尊者配天，金、木、水、火，陰陽自偶。（卷四〈五

〔註73〕《緯捃》引〈春秋元命苞〉與《白虎通》所引有差異，曰：「土無位而道在，
　　　　故太一不興化，人主不任部」。《緯書集成》，頁 1452。

行〉，頁 202～203）

因五行各自有陰陽兩氣，故五行之性可從陰陽加以分判。《白虎通》將五行與陰陽之關係分判爲：火屬陽，陽乃尊，故上；水屬陰，陰乃卑，故下；〔註74〕木爲少陽；金爲少陰。故火、木兩者屬陽，水、金兩者屬陰。而土者最大，「不嫌清濁爲萬物」，故應屬中和。在〈五行〉篇又論陰陽盛衰，便將火歸爲太陽，水歸爲太陰，土則未歸屬性。《白虎通》以爲火、木、水、金四者，是以陰與陽之成分比例多寡論定，「五行各自有陰陽」，故謂「陰陽自偶」，如此始能符合陰陽分化爲五行，而五行各含有陰陽之理論。然而下文又云：「五行所以二陽三陰」，在此是否意味土應屬陰？若金木、水火分屬二陽二陰，陰陽自偶，則土自當屬陰。〔註75〕然而前文已稱，土行「所以不名時者，地，土之別名也，比於五行最尊，故不自居職也」，又引〈元命苞〉曰：「土無位而道在，大一不與化。」此處稱「尊者配天」者，自當指土行，但若稱土行爲陰，則不啻將人主之地位貶至卑下，此又與其陽尊陰卑之說相違逆？故將土行視爲陰或陽，乃是《白虎通》陰陽五行說理論上之兩難。或謂：在《白虎通》五行理論之中，當其運用於五行相生、相勝之時，則土行屬地，地則卑下，故陰，故土行之地「尊者配天」；若將五行配合於四時，甚至運用於政治上之官制爵號時，則土行居中央，土行最大、最尊，以土行指人主、王者之位，則土行必屬陽，或者是中性，此如始能吻合王者在陰陽五行理論中之地位。實際上，《白虎通》以陰陽五行理論詮釋四時流變與空間之四方，在數量上並不相應，故時而出現互爲齟齬現象；但《白虎通》爲滿足陰陽五行理論之合理性，與詮釋事物之有效性，在土行之論述上，既可以融入五行之中，且可配合四時、四方，故時常保持高度彈性，或者雙重性，如此始能證成陰陽五行理論之必然性。

　　金、木、水、火、土五行，皆是陰陽兩氣偶合後之產物，故五行可以視爲陰陽兩氣運行變化而存在之五種形式，若以此五種形式論萬物之理，則萬物皆可以五行分析之。《白虎通》論五行之性，可以當做抽象之五種形式，在

〔註74〕《白虎通》曰：「水者，陽也卑，故下。」陳立引《淮南子·天文訓》：「陰氣爲水」，《論衡·順鼓篇》：「水，陰也」，頁202。從上下文義考，「火者，陽也尊，故上」；水者卑故下，故應屬陰。

〔註75〕陳立曰：「土者地，不居部職，故以配天也。二陽三陰：木水，陽；土金火，陰也。」《白虎通疏證》，頁203。按「火者陽也」，「木者少陽」，火、木當屬陽；「水者陰也」，「金者少陰」，水、金當屬陰；二陽三陰，故土當屬陰。

論五味、五臭、五方時，又可以從現實之實物加以理解。《白虎通》曰：

> 水味所以鹹何？是其性也，所以北方鹹者，萬物鹹與，所以堅之
> 也，猶五味得鹹乃堅也。木味所以酸何？東方萬物之生也，酸者以
> 達生也，猶五味得酸乃達也。火味所以苦何？南方主長養，苦者，
> 所以長養也，猶五味須苦可以養也。金味所以辛何？西方煞傷成
> 物，辛所以煞傷之也，猶五味得辛乃委煞也。土味所以甘何？中央
> 者，中和也，故甘，猶五味以甘爲主也。《尚書》曰：「潤下作鹹，
> 炎上作苦，曲直作酸，從革作辛，稼穡作甘。」（卷四〈五行〉，頁
> 203～205）

五行本是以金木水火土五種質料做爲區分事物之五種抽象概念，但是落實到
可感知之經驗世界，五行依舊與其質料本身有密切關聯，故以五行區分事物
類別，不僅是理上之可能，訴諸於事實，亦復如此。上述引《尚書》曰：「水
曰潤下，火曰炎上，木曰曲直，金曰從革，土爰稼穡。」五行相對於五味：
水味鹹，在北；木味酸，在東；火味苦，在南；金味辛，在西；土味甘，
在中央。故又引《尚書》曰：「潤下作鹹，炎上作苦，曲直作酸，從革作辛，
稼穡作甘。」其說與《尚書》同調，顯示此一說法歷久彌堅，早已深植人
心。五味得鹹乃堅、得酸乃達、須苦可以養、得辛乃委煞、五味以甘爲主，
五味與其對應之方位四時有深刻之關係。以五行對應其他事物，方法大致如
此。如：

> 北方其臭朽者，北方水，萬物所幽藏也，又水者受垢濁，故其臭腐
> 朽也。東方木也，萬物新出地中，故其臭羶。南方者火也，盛陽承
> 動，故其臭焦。西方者金也，萬物成熟始復諾，故其臭腥。中央者
> 土也，土養，故其臭香也。〈月令〉曰：「東方其臭羶，南方其臭焦，
> 中央其臭香，西方其臭腥，北方其臭朽。」（卷四〈五行〉，頁 205
> ～206）

此說乃以五行論五臭：水臭腐朽；木臭羶；火臭焦；金臭腥；土臭香。《白虎
通》根據陰陽五行理論所推演之分析法，不僅可以五種抽象形式套用在味、
臭、方位，也可以運用於人體生理與精神之分析，甚至其他抽象思維以及人
事關係等，皆可以五行分判之。如：

> 祭五祀所以歲一遍何？順五行也。故春即祭戶。戶者，人所出入，
> 亦春萬物始觸戶而出也。夏祭灶。灶者，火之主，人所以自養也。

夏亦火王，長養萬物。秋祭門。門以閉藏自固也。秋亦萬物成熟，內備自守也。冬祭井。井者，水之生藏在地中。冬亦水王，萬物伏藏。六月祭中霤。中霤者，象土在中央也。六月亦土王也。故《月令》春言其祀戶，祭先脾。夏言其祀灶，祭先肺。秋言其祀門，祭先肝。冬言其祀井，祭先腎。中央言其祀中霤，祭先心。（卷二〈五祀〉，頁95～96）

祭五祀，天子諸侯以牛，卿大夫以羊，因四時祭牲也。一說戶以羊。灶以雞。中霤以豚。門以犬，井以豕。或曰：中霤用牛，不得用牛者用豚。井以魚。（卷二〈五祀〉，頁97～98）

《尚書》曰：「予欲聞六律、五聲、八音。」五聲者，宮、商、角、徵、羽。土謂宮，金謂商，木謂角，火謂徵，水謂羽。《月令》曰：「盛德在木」，「其音角」。又曰：「盛德在火」，「其音徵」。「盛德在金」，「其音商」，「盛德在水」，「其音羽」。（卷三〈禮樂〉，頁143）

少陽見於寅，寅者，演也。律中太蔟。律之言率，所以率氣令生也。盛於卯。卯者，茂也。律中夾鐘。衰於辰。辰者，震也。律中姑洗。其日甲乙。甲者，萬物孚甲也。乙者，物蕃屈有節欲出。時為春。春之為言偆，偆動也。位在東方。其色青，其音角者，氣動躍也。其帝太皥。太皥者，大起萬物擾也。其神句芒。句芒者，物之始生，芒之為言萌也。其精青龍，陰中陽故。太陽見於巳。巳者，物必起，律中中呂。壯盛於午。午，物滿長，律中蕤賓。衰於未。未，味也。律中林鐘。其日丙丁。丙者，其物炳明。丁者，強也。時為夏。夏之言大也。位在南方。其色赤，其音徵。徵，止也。陽度極也。其帝炎帝。炎帝者，太陽也。其神祝融。屬續也。其精朱鳥。離為鸞故。少陰見於申。申者，身也。律中夷則。壯於酉。酉者，老也。物收斂。律中南呂。衰於戌。戌者，滅也。律中無射。無射者，無聲也。其日庚辛。庚者，物庚也。辛者，陰始成。時為秋，秋之言愁也。其位西方。其色白，其音商。商者，強也。其帝少皥。少皥者，少斂也。其神蓐收。蓐收者，縮也。其精白虎。虎之為言搏討也故。太陰見於亥。亥者，仡也。律中應鐘。壯於子。子者，孳也。律中黃鐘。衰於丑。丑者，紐也。律中大

呂。其日壬癸。壬者，陰使任。癸者，揆度也。時為冬。冬之為言終也。其位在北方。其音羽，羽之為言舒，言萬物始孳。其帝顓頊。顓頊者，寒縮也。其神元冥。元冥者，入冥也。其精元武。掩起離體泉，龜蚑珠蛤。土為中宮。其日戊己。戊者，茂也。己者，抑屈起。其音宮。宮者，中也。其帝黃帝，其神后土。（卷四〈五行〉，頁 207～216）

嶽者，何謂也？嶽之為言捔也，捔功德也。東方為岱宗者何？言萬物更相代於東方也。南方為霍山者何？霍之為言護也。言太陽用事，護養萬物也。小繞大山為霍。南方衡山者，上承景宿，銓德均物，故曰衡山。西方為華山者何？華之為言穫也。言萬物成熟，可得穫也。北方為恆山者何？恆者，常也。萬物伏藏於北方有常也。中央為嵩高者何？嵩言其高大也。中央之獄獨加高字者何？中央居四方之中而高，故曰嵩高山。（卷六〈巡狩〉，頁 353～355）

何謂五瑞？謂珪、璧、琮、璜、璋也。……珪以為信何？珪者，兌上，象物始生見于上也。信莫著于作見，故以珪為信，而見萬物之始莫不自潔。珪之為言圭也。……位在東，陽見義于上也。璧以聘問何？璧者，方中圓外，象地，地道安寧而出財物，故以璧聘問也。方中，陰德方也。圓外，陰繫于陽也。陰德盛于內，故見象于內，位在中央。……璜所以徵召何？璜者半璧，位在北方，北陰極而陽始起，故象半陰。陽氣始施，徵召萬物，故以徵召也。……璋以發兵何？璋半珪，位在南方。南方陽極，而陰始起，兵亦陰也，故以發兵也。……琮以起土功發眾何？琮之為言宗也。象萬物之宗聚也。功之所成，故以起土功發眾也。位在西方，西方陽，收功于內，陰出成于外，內圓象陽……故謂之琮。（卷八〈瑞贄〉，頁 412～417）

五性者何？謂仁、義、禮、智、信也。（卷八〈性情〉，頁 452）

五藏者，何也？謂肝、心、肺、腎、脾也。……五藏，肝仁，肺義，心禮，腎智，脾信也。肝所以仁者何？肝，木之精也。仁者好生，東方者，陽也，萬物始生，故肝象木，色青而有枝葉。目為之候何？目能出淚，而不能內物，木亦能出枝葉，不能有所內也。肺所以義者何？肺者，金之精。義者斷決，西方亦金，殺成萬物也。故肺象

金，色白也。鼻爲之候何？鼻出入氣，高而有竅。山亦有金石累積，亦有孔穴，出雲布雨，以潤天下，雨則雲消。鼻能出納氣也。心所以爲禮何？心，火之精也。南方尊陽在上，卑陰在下，禮有尊卑，故心象火，色赤而銳也。人有道尊，天本在上，故心下銳也。耳爲之候何？耳能遍內外，別音語，火照有似于禮，上下分明。腎所以智何？腎者，水之精，智者進止無所疑惑，水亦進而不惑。北方水，故腎色黑，水陰，故腎雙。竅之爲候何？竅能瀉水，亦能流濡。脾所以信何？脾者，土之精也。土尚任養，萬物爲之象，生物無所私，信之至也。故脾象土，色黃也。口爲之候何？口能啖嘗，舌能知味，亦能出音聲，吐滋液。故《元命苞》曰：「目者肝之使，肝者木之精，蒼龍之位也。鼻者肺之使，肺者金之精，制割立斷。耳者心之候，心者火之精，上爲張星。陰者腎之寫，腎者水之精，上爲虛尾。口者脾之門戶，脾者土之精，上爲北斗。主變化者也。」（卷八〈性情〉，頁 453～458）

刑所以五何？法五行也。大辟法水之滅火，宮者法土之壅水，臏者法金之刻木，劓者法木之穿土，墨者法火之勝金。（卷九〈五刑〉，頁 521）

經所以有五何？經，常也。有五常之道，故曰《五經》。《樂》仁，《書》義，《禮》禮，《易》智，《詩》信也。人情有五性，懷五常不能自成，是以聖人象天五常之道而明之，以教人成其德也。（卷九〈五經〉，頁 531）

《白虎通》以陰陽兩氣之消息說明五行之由來，進而以五行分判各種事物爲五類，簡表如下：

五行	木	火	土	金	水
五行之性	少陽	太陽	最大	少陰	太陰
五方	東	南	中央	西	北
五祀	戶	灶	中霤	門	井
祭祀所用牲	羊	雞	豚	犬	豕
五聲	角	徵	宮	商	羽
五味	酸	苦	甘	辛	鹹
五臭	羶	焦	香	腥	朽
四時	春	夏	六月〔註76〕	秋	冬
其日	甲乙	丙丁	戊己	庚辛	壬癸
五色	青	赤	黃〔註77〕	白	黑〔註78〕
五帝	太皞	炎帝	黃帝	少皞	顓頊
五神	句芒	祝融	后土	蓐收	元冥
五精	青龍	朱鳥	鳳皇〔註79〕	白虎	元武
五嶽	岱宗	衡山	嵩山	華山	恆山
五瑞	珪	璋	璧	琮	璜
五性	仁	禮	信	義	智
五臟〔註80〕	肝	心	脾	肺	腎
五官	目	耳	口	鼻	竅
五星宿	蒼龍之位	上為張星	上為北斗	上為昴畢〔註81〕	上為虛尾
五刑	劓	墨	宮	臏	大辟
五經	《樂》	《禮》	《詩》	《書》	《易》

〔註76〕《白虎通疏證》曰：「六月祭中霤，中霤者，象土在中央也，六月亦土王也。」卷二〈五祀〉，頁96。

〔註77〕《白虎通疏證》曰：「脾所以信何？……故脾象土色黃也。」卷八〈性情〉，頁457。

〔註78〕陳立《白虎通疏證》疑文本脫「其色黑」三字，頁215。

〔註79〕《白虎通疏證》引子華子北宮問篇曰：「脾之精為土，其神為鳳皇。」頁458。

〔註80〕《白虎通》卷二〈五祀〉論「祭五祀順五行」，對所祀與所祭對象，與五行所對之五臟不同，其曰：「故月令：春言其祀戶，祭先脾；夏言其祀灶，祭先肺；秋言其祀門，祭先肝；冬言其祀井，祭先腎；中央言其祀中霤，祭先心」，頁96。

〔註81〕《白虎通疏證》卷八〈性情〉曰：「鼻者，肺之使；肺者，金之精，制割立斷。」陳立疏證曰：「此『制割立斷』當為『上為昴畢』之誤」，頁458。

　　除上表所列，《白虎通》以五行對應於各種不同事物之外，即使是無法與五行相對應之其他事物，亦慣以「五」做爲事物分類之數量準則。〔註82〕凡此所舉，皆可見陰陽五行學說之思想早已深入人心。

　　《白虎通》以五行之屬性分判各類事物，但是五行之間並非是靜態式之平列關係，實際上，五行之間因各自之屬性不同而存在著動態式之連鎖關聯性。五行之內在關聯性，可從兩方面說明。《白虎通》曰：

> 五行所以更王何？以其轉相生，故有終始也。木生火，火生土，土生金，金生水。（卷四〈五行〉，頁222～223）

此即五行相生義。木生火，火生土，土生金，金生水，水復生木，五行彼此相生，循環不已，故有終始。若運用於實際之事物上，如政權之交替，四時之循環，則更容易清楚五行間之相生關係。

> ⋯⋯水生木。是以木王，火相，土死，金囚，水休，王所勝者死囚，故王者休。（卷四〈五行〉，頁222～223）

水生木之後，則木便爲主宰，故木爲王；而次之火爲臣相，土爲死，金爲囚，水爲休。根據此一循環推知，若一行爲王之時，則次一行便是相，再者爲死，再者爲囚，再者爲休；如此循環流轉，便有轉相生、有終始，五行隨時而更王。猶如四時之流行，當令之時承前一時令而有，後一時準備繼承當令，而與當令相對之時令，必然與當令之陰陽屬性相反；即使再次之一行，亦與當令之一行之屬性相違；故以當令而言，前一時令爲休，次一時令爲相，其餘二行爲王所勝，故各爲死、爲囚。

〔註82〕如：卷三〈禮樂〉言帝嚳樂曰「五英」，「五英」者，「能調和五聲，以養萬物，調其英華也」；四夷之北方爲「五狄」；卷五〈諫諍〉言人懷五常，故有「五諫」：諷諫、順諫、闚諫、指諫、陷諫；卷六〈封禪〉言「五緯」順軌，《漢書・天文志》謂：東方歲星、南方熒惑、西方太白、北方辰星、中央填星，「五星不失行，則年穀豐昌」；卷六〈巡狩〉謂「五歲巡狩」：「三歲一閏，天道小備；五歲再閏，天道大備；故五年一巡守」；卷七〈王者不臣〉有「五暫不臣」，謂祭尸、授受之師、將帥用兵、三老、五更；有「五不名」：先王老臣、貴賢者、盛德之士、諸父、諸兄不名；卷八〈瑞贄〉有「五瑞」，謂：珪、璧、琮、璜、璋；卷八〈性情〉又將仁、義、禮、智、信，歸爲「五氣」；卷八〈宗族〉有論「五宗」；卷九〈姓名〉言人含「五常」而生；卷九〈日月〉言：「日月五星右行」；卷九〈五刑〉言「刑所以五何？法五行也」，「五刑」者，謂：『大辟』法水之滅火；『宮』者法土之壅水；『臏』者法金之刻木；『劓』者法木之穿土；『墨』者法火之勝金」；卷十〈嫁娶〉有「五不娶」：亂家之子、逆家之子、世有刑人、惡疾、喪婦長子不娶。

五行另一內在關聯性，即五行相勝義，《白虎通》或稱「相害」。《白虎通》曰：

> 五行所以相害者，天地之性，眾勝寡，故水勝火也。精勝堅，故火勝金。剛勝柔，故金勝木。專勝散，故木勝土。實勝虛，故土勝水也。（卷四〈五行〉，頁224～225）

五行彼此各有相勝，然五行間所勝之理，則各有不同。分別而言，水所以勝火，乃因眾勝寡之故；火所以勝金，乃因精勝堅之故；金所以勝木，乃因剛勝柔之故；木所以勝土，乃因專勝散之故；土所以勝水，乃因實勝虛之故；五行所以彼此相害，乃是天地之性使然。

五行之相生與相勝，其實只是相對論，兩者之原理若然相同，但若因而在同時運用兩項理論時，偶而產生若干矛盾。例如：

> 曰：五行各自有陰陽。木生火，所以還燒其母何？曰：金勝木，火欲為木害金，金者堅強難消，故尊以遜體助火燒金，此自欲成子之義。又陽道不相離，故為兩盛，火死，子乃繼之。（卷四〈五行〉，頁225～226）

按說，木生火，火燒木乃是自然之屬性使然。然而依五行相生而言，木當為火之母，火既生卻返燒木，則子豈有害母之義？《白虎通》為化解此一矛盾，以為因金勝木，火為防止木為金所害，且金屬堅硬難消，唯有火始能克之，故火勝金，非勝木；如此，則火燒金乃具有成子之義。《白虎通》由此引申出報仇之正當性。例如：

> 木王，火相，土死，金囚，水休。土所以死者，子為父報仇者也。（卷四〈五行〉，頁224）

因水生木，故水為木之父，然土勝水，木既為王，則土當死，《白虎通》稱此為子為父報仇也。又如：「金生水，水滅火，報其理。」（卷四〈五行〉，頁224）因金生水，金復為火燒，故水滅火乃是報其理。由此，可歸納出《白虎通》五行相生相勝之義中一條規律，即：

> 凡所生之一行，其所勝之一行必勝其所生。

《白虎通》之五行相生與相勝之說，以下圖表之，實線箭頭表示相生之對象，虛線箭頭表示相勝之對象。

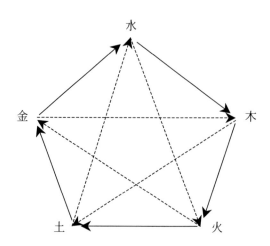

五行相生、相勝之理，蘊含著不同質性間之生剋原理，《白虎通》從各種相生與相勝之中，尋求各種物質間之變化法則，進而歸納出物質變化之原理；同時，以五行間之生勝關係，比附於人事，從而使人事關係得到合理解釋以及理論依據。就此而言，《白虎通》論五行生勝之旨趣，不僅包含自騶衍以來之「五德終始說」──以五行之相勝論朝代政權之更替；並且擴大論述之範圍，以五行之生勝，落實於政治制度及倫理秩序之人道綱紀之中。

《白虎通》以陰陽五行學說為基礎，對不同事物進行分類，慣以五種性質概括之，此五種性質，可以是抽象之形式，亦可以是具象實物之特性，不同性質之事物，五行皆可與相對應；意即，五行之質性已經含括所有物質之特性，天地萬物皆可以五行分析之，皆可以五行概括之，天地萬物之生成流轉，不過是五行之運行之結果已而。從《白虎通》可以看出，陰陽、五行既是萬物之本原，也是各種自然現象變化發展之根源，天地萬物與千變萬化之自然現象，皆是陰陽、五行之排列組合；陰陽五行便是構成各種層次與各種現象之主要構成元素。徐復觀言：「以陰陽五行，純作宇宙論的說明，這是一種『前科學性』的說明，在知識上，有其進步的意義」，〔註83〕《白虎通》論宇宙生成過程，天地萬物皆由氣而生，故天地萬物皆有陰陽五行之性。換言之，天地萬物皆由陰陽變化而來，陰陽生五行，五行生化萬物，萬物之種類皆含五行之性，萬物皆可相應於五行。故以五行之性可以窮盡分判天地萬物，而天地萬物皆含陰陽之氣，天地萬物之生死流變，不過是陰陽之氣化流行。《白

〔註83〕《中國人性論史》，頁 583。

虎通》之陰陽五行說雖然繼承《呂氏春秋》與董仲舒之說，但較之兩者，《白虎通》更具有系統性與完整性，且充分運用在人道倫常規範之中，顯示陰陽五行說之宇宙論，乃成《白虎通》想思理論之重心。

任繼愈（1916～）論《白虎通》之陰陽五行說有三層不同含義：第一是自然含義；第二是神學含義；第三是社會倫理含義；而以神學之含義最重要。〔註84〕任繼愈分析層次頗爲詳盡。其實，《白虎通》論述陰陽五行學說之目的，不僅在建構一套自然科學之宇宙論式；且由此一幅宇宙圖式，爲其所謂「神學」含義之「天人感應」之思維提供科學根據；若推《白虎通》論述陰陽五行學說之最終目的，實在尋求一套爲其政治制度與人倫秩序之人道常軌提供理論基礎，此亦是《白虎通》文本竭盡所能舖設而成之具體內容。「陰陽五行」與「天人感應」之關係至爲密切，兩說互爲因果，相互輝映，而《白虎通》論述陰陽五行之目的，其實乃爲其「天人感應」之思維模式提供理論基礎。

第二節　天人感應之天命觀

勞思光以爲，漢儒所以受陰陽五行學說之支配，乃源於先秦儒學本身獨缺一宇宙論；〔註85〕正因爲漢代欲建立一套可大可久之宇宙觀，故以陰陽五行表述此一現象世界，形成以陰陽五行之宇宙論。廣義之陰陽五行學說肇端於騶衍及燕齊海上方士，而陰陽五行學說之興起，固然是對於外在客觀世界之詮釋與掌握，具有「前科學性」之知識意義；更重要者，陰陽五行理論之建構，乃爲所謂「天人感應」之思維模式，提供一套近似科學之客觀依據。「要言之，兩漢宇宙觀的主要內涵是一套宇宙解釋系統以及一組宇宙運作理念結合而成的。前者要以『陰陽五行說』爲主體；後者則以『天人合一』的理念爲依歸。」〔註89〕

〔註84〕任繼愈主編：《中國哲學發展史・秦漢》（北京：北京人民出版社，1982 年 2 月），頁 500～501。

〔註85〕《新編中國哲學史》（二），頁 13～14。

〔註86〕呂理政：《天、人、社會──試論中國傳統的宇宙認知模型》（臺北：中央研究院民族學研究所，1990 年 3 月），頁 4。先秦至兩漢之儒家雖均倡「天人合一」，但是先秦孔孟與兩漢儒家所言之「天人合一」之內涵實不相同，故稱兩漢之宇宙觀中「一組宇宙運作理念」爲「天人合一」，易造成觀念上之混淆，特別是《白虎通》所強調是「天人感應」，離先秦儒家之「天人合一」更遠。

一、先秦天人關係之類型

唐君毅言:「中國哲學以天人合一或天人不二之旨爲宗。其言心、言性、言情、言欲、言意、言志,皆所以言人,而恆歸源於天。」〔註87〕中國思想之學派,可由其對「天」之不同理解,形成不同型態之天人之學,推導出不同學派之思維模式;而不同學派之思維模式作用於社會之中,形成各家學派之特色,而中國文化與社會之核心問題亦即由此而開展,故天人之學乃是中國思想史上之中心問題。〔註88〕馮友蘭(1895~1990)歸納思想史上之「天」有五義:一曰物質之天、二曰主宰之天、三曰運命之天、四曰自然之天、五曰義理之天;〔註89〕方東美(1899~1977)區分思想學派之「天人和諧關係」,則有先秦家、漢後儒學三代共六種。〔註90〕對應於「天」之意涵,先秦思想學派可概分成四種不同型態:一,儒家偏重「義理之天」,附有運命之義;二,道家亦重「義理之天」,附有自然之義;三,墨家偏重「主宰之天」;四,荀子偏重「自然之天」,附有義理之義。

〔註87〕 唐君毅,《唐君毅全集》(臺北:臺灣學生書局,1986 年 9 月全集校訂版),卷十二《中國哲學原論・導論篇》,頁 520。

〔註88〕 唐君毅言:「『天人合一』是中國哲學上的中心觀念——這一觀念直接支配中國哲學之發展,間接支配中國之一切社會政治文化的理想——所以在中國哲學上一直流行著,天人合德,天人不二,天人無間,天人相與,天人一貫,天人合策,天人之際,天人不相勝,天人一氣的話。」〈如何了解中國哲學上天人合一之根本觀念〉,收錄於《中西哲學思想之比較論文集》(臺北:臺灣學生書局,1988 年 7 月),頁 128。

〔註89〕 馮友蘭《中國哲學史》言:「在中國文字中,所謂天有五義。曰物質之天,即與地相對之天。曰主宰之天,即所皇天上帝,有人格的天地。曰運命之天,乃指人生中吾人所無奈何者,如《孟子》所謂:「若夫成功,則天也」之天是也。曰自然之天,乃指自然之運行,如《荀子・天運》篇所說之天是也。曰義理之天,乃謂宇宙之最高原理,如《中庸》所說「天命之謂性」之天是也。《詩》《書》《左傳》《國語》中所謂之天,除物質之天外,似皆指主宰之天。《論語》中孔子所說之天,亦皆主宰之天也」(臺北:臺灣商務印書館,1994 年 5 月臺一版),第一篇第三章「孔子以前及其同時之宗教的哲學的思想」,頁 55。

〔註90〕 方東美著,馮滬祥譯,《中國人的人生觀》先秦家、漢後儒學三代共六種:一、原始儒家:人類參贊化育,決化宇宙生命,共同創進不已。二、道家:環繞道樞,促使自然平衡,各適所適,冥同大道而臻和諧。三、墨子:人與宇宙在兼愛下和諧無間。四、漢儒:天人合一或人與自然合一之縮型說。五、宋儒:人與宇宙對「天理」之一致認。六、清儒:在自然力量相反相成,協然中律下之和諧。(臺北:幼獅文化事業,1980 年),頁 91~97。

「天」或「天命」之觀念，始見於《詩》、《書》二書。《尚書・酒誥》曰：

> 惟天降命，肇我民惟元祀。天降威，我民用大亂喪德，亦罔非酒惟
> 行。〔註91〕

人之一切言行舉止，當以「天」爲命是從，若人之行爲大亂喪德，則天必降天威，此即所謂「天命」。又曰：

> 弗惟德馨香祀，登聞於天，誕惟民怨。庶群自酒，腥聞在上，故天
> 降喪于殷。罔愛于殷，惟逸。天非虐，惟民自速辜。〔註92〕

《尚書》以「天」做爲政權更替之主宰力量。如殷所以滅亡，乃是殷王作惡引發民怨，招致「天」遺棄。《詩經》則有：「下民之孽，匪降自天，噂沓背憎，職競由人。」〔註93〕其意亦頗近似《尚書》。勞思光稱：「《書經》中亦常有此種『人格天』觀念，作爲政權興廢之主宰。就所用詞語而論，《書》中說及『人格天』時，仍用『天』字；《詩經》中則常用『帝』字以稱此種主宰意義之天。」〔註94〕在《詩》、《書》中所謂之「天」，乃是人對大自然環境所產生之敬畏之心，而產生「人格神」之原始信仰。〔註95〕先民時代雖然有所謂災異之誌，且以此戒懼修省，但未嘗以災異之誌論天人感應之事，離「天人感應」之思想尚遠。唐君毅論先秦天命思想之發展時，言中國古代天命觀有三義，以爲《詩》《書》中之言天命第二義：「天命之降於人，後於其修德」，此義可名之爲「天命與人德之互相回應義。」〔註96〕順此，中國後來所發展

〔註91〕《尚書・酒誥》卷十四，頁207。

〔註92〕《尚書・酒誥》第十四，頁210。

〔註93〕《詩經・十月之交》卷第十二～二，頁409。

〔註94〕《新編中國哲學史》（一），頁91。

〔註95〕陳柱曰：「《詩》《書》所載，固甚正矣。然舜入大麓，烈風雷雨弗迷，堯以爲聖。周公居東，則天大雷電以風，禾盡偃，大木斯拔，見于金縢。《詩》曰：「正月繁霜，我心憂傷，民之訛言，亦孔之將。」又曰：「十月之交，朔日辛卯，日有食之，亦孔之醜，彼月而微，此日而微，今此下民，亦孔之哀。」此災異之說之見於經者也。然古人因災異以戒懼修省，其用意亦甚善。故古代既有其事，古經即不削其文而已。未嘗以經說災異之感應也。」《公羊家哲學》（臺北：力行書局，1970年），頁224～225。勞思光亦言：「此種『人格天』觀念，原屬早期社會之普遍信仰，不足代表古代中國思想之特色。而且此一觀念本身之理論意義甚少，只算是古代習俗之部分。但因習俗之遺留每每歷時甚久，故日後中國思想界之言宇宙論及神祕主義者，常取此種古代信仰數持其說。由此，『人格天』觀念，對後世中國思想確有某種『發生意義』之關聯。」《新編中國哲學史》（一），頁92。

〔註96〕《中國哲學原論・導論篇》。其論「第一義使中國古代之天或上帝，成爲非私

之宗教、道德與政治思想，無不重視對天之祈禱，人之受天命，則當更敬厥德。姑且不論《詩》《書》時代是否已有天命與人德互相回應之義，唯可以注意者，此項以災異做爲戒懼修省之思維，仍可以視爲是日後引發以災異爲溝通天人感應之開端。

（一）孔、孟儒家

孔子自云「五十而知天命」，時而感歎天命之無常，如《論語・季氏》云：「君子有三畏：畏天命，畏大人，畏聖人之言。」〔註97〕〈先進〉篇云：「噫！天喪予！天喪予！」〔註98〕〈八佾〉篇云：「獲罪於天，無所禱也。」〔註99〕孔子雖謂「畏天命」，但此同時亦有將傳統之觀念轉化爲生命內部所發揮之道德精神；因此，孔子所言「天命」，仍與《詩》《書》所言之原始觀念有別。牟宗三（1909～1995）言：「孔子一生做的就是踐仁的工夫，孔子的生命直是踐仁的生命，仁是一切德性所從出，是眞正生命的代表。」〔註100〕質言之，孔子之教即是踐仁之工夫。〈陽貨〉篇云：「天何言哉，四時行焉，百物生焉，天何言哉。」正可以說明孔子所言天命已大不同於原始天命思想，孔子強調「天行健，君子以自強不息」，人於此一充滿生機蓬勃之天體中，更應以道德創造不息之生命意義。《中庸》曰：「天命之謂性」與「惟天下至誠，爲能盡其性；能盡其性，則能盡人之性；能盡人之性，則能盡物之性；能盡物之性，則可以贊天地之化育；可以贊天地之化育，則可以與天地參。」〔註101〕徐復觀稱此「正是既肯定而又同時擺脫的表現」，「人性是由天所命，這是對天的肯定；性乃在人的生命之中，道由率性而來，道直接出於性，這實際是對天

眷愛於一民族之一君或一人者，而天或上帝乃爲無所不在之天或上帝。」此義可名之曰「天命之周遍義」；「第三義人修德而求永命，及天命不已之思想」，此義可名之曰「天命之不已義」，參考頁521～528。

〔註97〕《論語・季氏》卷十六，頁149。

〔註98〕《論語・先進》卷十一，頁97。

〔註99〕《論語・八佾》卷三，頁28。

〔註100〕牟宗三：《中國哲學的特質》（臺北：臺灣學生書局，1963年6月），頁71。

〔註101〕牟宗三以爲，中國正宗儒家對於性的規定，可分二路：一是《中庸》、《易傳》所代表之一路，其中心在「天命之謂性」一語；二是孟子所代表之一路，其中心思想爲「仁義內在」，即心說性。《中庸》、《易傳》是從天命、天道下貫而言，牟氏稱爲「宇宙論的進路」，與孟子異路，但是它終結可與孟子之終結會合。牟氏言「中國儒家正宗爲孔孟，故此中國思想大傳統的中心落在主體性的重視，亦因此中國學術思想可大約地稱爲『心性之學』」，參考《中國哲學的特質》第七、八、九講，故本文論先秦儒家，以孔孟爲主。

的擺脫」，〔註102〕亦正可以做爲孔子天人思想之寫照。

　　孟子對「天」之觀念，在《孟子》書不同語脈中，當有不同之意含，〔註103〕孟子言「性」者多，談「天」者少，且每論及天人之關係時，輒以性命連言之。《孟子》曰：「盡其心者，知其性也；知其性，則知天矣。存其心，養其性，所以事天也。」〔註104〕唐君毅言：「孟子言盡心知性則知天，存心養性即事天，乃直下於吾人之自己之心性上知天。由自己之心性，所以可知天者，則以人爲天之所生，心性即天之所以與我。今盡天之所以與我，而爲我所固有之心性，以知天，則其知天正爲最直接者。天以此心性與我，我即存之養之以事天，則其事天正爲最直接者。」〔註105〕若就此言天，則切近於「義理之天」，孟子之天乃關連於人之心性自覺，與原始天命思想不同，自不可混爲一談。而對「命」之理解，孟子亦有部分承《詩》《書》及孔子以來之傳統觀念，〈萬章〉曰：「舜禹益相去久遠，其子之賢不肖，皆天也，非人之所能爲也。莫之爲而爲者，天也，莫之致而至者，命也。」〔註106〕孟子對於客觀條件之變化無常，人於實際之中無法全然掌握，這些無法掌握之客觀因素，孟子以「命」稱之。不過，這些皆不妨孟子「心性之學」。〈盡心・下〉說得清楚，〔註107〕口、目、耳、鼻、四肢之生理欲求，乃是天命所成，「君子不謂性也」；聖人之於天道所成之仁、義、禮、智，乃「命也，有性焉，君子不謂命也」。勞思光言：「孟子之思想，以心性論爲中心，落至政治生活上，乃形成其政治思想。宇宙論問題及形上學問題、皆非孟子留意所在。」「另一面，孟子之心性論，全建之在『主體性』觀念上，無論其論證強弱如何，處處皆可以離開『形上天』之假定而獨立。則『天』觀念在孟子思想中并無重要地位，似亦無疑。」〔註108〕先秦儒學強調「我之所以自命之一切，即天之

〔註102〕《兩漢思想史》卷二，頁76。

〔註103〕例如薛保綸於《孟子哲學》書中，分析孟子對天之觀念有：一、天爲至高無上的神明；二、天爲人類萬物的造物者；三、天統御萬物；四、天賞善罰惡。（臺北：輔仁大學出版社，1976年），頁32～35。

〔註104〕《孟子・盡心・上》，卷十三上，頁228。

〔註105〕《中國哲學原論・導論篇》，頁544。

〔註106〕《孟子・萬章・上》，卷九下，頁169。

〔註107〕《孟子・盡心・下》曰：「口之於味也，目之於色也，耳之於聲也，鼻之於臭也，四肢之於安佚也，性也，有命焉；君子不謂性也。仁之於父子也，義之於君臣也，禮之於賓主也，智之於賢者也，聖人之於天道也，命也，有性焉；君子不謂命也。」卷十四上，頁253

〔註108〕以上二段引文具見《新編中國哲學史》（一），頁202。

所以命我之一切，皆無非正命，而天命即由我而立矣」，〔註109〕孟子心性之學直接表現出儒家之道德意識，「一方面爲儒家成德之教提供了人性論上的可能依據，另一方面也爲儒家『天道性命相貫通』的形上信仰，建之了一套『即內在而超越』的理解形態」。〔註110〕由此可知，以孔孟思想爲代表之先秦儒家學說，雖有若干說法與原始思想相似，但皆不可據此論定儒家有「天人感應」之說。

（二）老、莊道家

老子之天道觀，《老子》言：「人法地、地法天、天法道、道法自然。」（第二十五章）天乃是相對於地之天文、天體，人最終在法道、法自然，非至於天，實與傳統觀念中之「天」有極大之差異。〔註111〕老子以「道」做爲宇宙萬物之本體，「存在界價值秩序的基礎，而不能擬同於西方形上學的第一因、無限實體、或自然規律；〔註112〕「天」尤需法「道」，豈可將老子之「道」與傳統觀念之「天」相提並論？《老子》曰：「天地不仁，以萬物爲芻狗。」（第五章）「天之所惡，孰知其故？天之道，不爭而善勝，不言而善應，不召而自來，繟然而善謀。天網恢恢，疏而不失。」（第七十三章）老子視「天」爲一自然而然之客觀事物，不論人是否依順其天理而行，天有一套自己運行之規律，不會因人改變行爲而有所更動。老子在主觀上將人由天人感應之傳統思維中獨立出來，更可看出老子不同於一般天人感應之傳統思想。徐復觀以爲：「老學的動機與目的，並不在於宇宙論的建立，而依然是由人生的要求，逐步向上面推求，推求到作爲宇宙根源的處所，以作爲人生安頓之地。因此，道家的宇宙論，可以說是他的人生哲學的副產物」，〔註113〕故老子言天或是天道，實際上，並不同於後世天人感應之說。

《莊子・大宗師》曰：「知天之所爲，知人之所爲者，至矣。」唐君毅釋

〔註109〕《中國哲學原論・導論篇》，頁545。
〔註110〕袁保新：《孟子三辨之學的歷史省察與現代詮釋》（臺北：文津出版社，1992年2月），頁67。
〔註111〕如司修武言：「在老子的天道論裡，『道』是宇宙萬物的本體，地位相當於傳統觀念中的『天』。」《黃老學說與漢初政治平議》（臺北：臺灣學生書局，1992年六6月），頁5。
〔註112〕《老子哲學之詮釋與重建》，頁124～125。
〔註113〕《中國人性論史》，頁325。

此言之旨，「乃歸在言人之以其失知之所知，養其知之所不知，爲人之修道工夫之本」。〔註114〕莊子以爲，人若知天之所爲與人之所當爲者，便是生命至高之境界。大凡《莊子》所言之「天」，郭象注皆以「自然」釋之；故《荀子・解蔽》非之曰：「莊子蔽於天而不知人。」楊倞注之曰：「天謂無爲自然之道。」〈大宗師〉曰：「知天之所爲者，天而生也。」〈應帝王〉曰：「盡其所受於天。」〈天地〉曰：「忘己之人，是之謂入於天。」莊子極力將人之最高境界與天道並齊，堅持生命自身之獨立自主，消弭人與天之對立，展現近似「天人合一」思想；王師邦雄言：「莊子不言道而轉言天，並落在內在生命人格的體證上，反逼近儒家」；〔註115〕徐復觀亦言：「儒家由人性中理性的擴充而得到與天地相通的精神境界；原始道家，由『致虛極，守靜篤』的工夫，以擴充生命中的虛靜之德，而得到與天地相通的精神境界。」〔註116〕然而，莊子畢竟是道家，其所展現之精神與儒家不同，〔註117〕儒、道兩者之不同處在於：道家以「虛靜推於天地」之自然論天人合一境界，而儒家則是經由「心性之德的充擴」而達到天人合一境界。故「莊子所主張的天人思想，乃是以人的情意我去與天合一，對人生世界的態度，爲一欣賞玩趣的觀賞態度。這種態度，用之於個人生活，不乏多趣，但對建立社會的生活秩序言，是無所幫助的」，〔註118〕簡言之，莊子之「天」，除自然性格之外，所剩只是人之精神境界而已，實未可與後世天人感應思想相提並論。

（三）墨家

《墨子》曰：「當天意而不可不順。順天意者，兼相愛，交相利，必得賞；反天意者，別相惡，交相賊，必得罰。」〔註119〕此處墨子將「天意」視爲人行爲善賞惡罰之價值根源，意同於「人格天」。〈尚同・下〉又曰：「天子

〔註114〕《中國哲學原論・導論篇》，頁377。
〔註115〕王邦雄：《中國哲學論集》（臺北：臺灣學生書局，1983年八8月），頁61。
〔註116〕《兩漢思想思》卷二，頁34。
〔註117〕韋政通：「莊子思想中所表現的天人合一境界，是由人的自棄志我而達到的超越和諧，這與美感經驗中所達到的藝術境界，完全可以相通。與儒家由當下德性生命的充實和終極的關切之情相結，而達到的天人合一境界不同。」《中國思想史》（臺北：大林出版社，1979年），上冊，頁136～137。
〔註118〕黃湘陽：《先秦天人思想述論》（臺北：文史哲出版社，1984年4月），頁137。
〔註119〕孫詒讓撰・小柳司氣太校訂：《墨子閒詁》（臺北：驚聲文物供應公司，1970年8月），卷七〈天志・上〉，頁5。

又總天下之義，以尙同於天。」〔註120〕天下人之義歸結於天子之義，天子之義又尙同於天，此中便隱含了人須符合天命之意。〈法儀〉曰：「天之所欲，則爲之；天所不欲，則止。」〔註121〕更顯現出「天」不僅有好惡，人更要依順「天意」行事，順天法天，以祈求善果。這種「天人感應」之意含，乃指「天」是有意志，有感覺，有能力對天地萬物進行對應，並且支配一切，善賞惡罰，故人所能行動者，唯有「法天」。〈法儀〉曰：「法不仁不可以爲法，故父母、學、君三者，莫可以爲治法。然則奚以爲治法而可？故曰：莫若法天。」〔註122〕墨子視天爲唯一效法對象，法天是手段，兼愛成爲目的，人與天之彼此地位高低分明。墨子以天志做爲君主賞罰之判準，尤可見墨子乃重在立一超越天子之外之外在權威，〔註123〕進而利用人對天普遍抱持之外在權威性以達到其治世目的，〔註124〕形成一外在權威主義。墨子將此「天意」納入其學說，爲天人關係提供一套理論基礎，開啓後世天人感應之理論模式。

（四）荀子

《荀子·天論》曰：「天行有常，不爲堯存，不爲桀亡。應之以治則吉，應之以亂則凶。彊本而節用，則天不能貧。養備而動時，則天不能病。脩道而不貳，則天不能禍。……不爲而成，不求而得，夫是之謂天職。」〔註125〕荀子天人之學乃是人與天分職，天是自然之事，凡是非人爲造就之外在客觀事物，皆可謂「天」，故是屬於「自然義」之「天」。〈天論〉曰：「大天而思之，孰與物畜而制之！從天而頌之，孰與制天命而用之！……故錯人而思天，

〔註120〕《墨子閒詁》，卷三〈尚同·下〉，頁27。

〔註121〕《墨子閒詁》，卷一〈法儀〉，頁21。

〔註122〕《墨子閒詁》，卷一〈法儀〉，頁20～21。

〔註123〕唐君毅：「本上所說，則對墨子之天志鬼神之論，吾人一方須知墨子論證天與鬼神之存在之言，不必有效，一方須知墨子實相信有鬼神與天志。在另一方，吾人又須知墨子天志明鬼之論，原不重在論證天與鬼神之存在，而要在論此天與鬼神乃能知義，而本義以行其賞罰。其中之天，尤自始爲一兼愛萬民，公而無私，至神至明，而恆能知義，本義以行賞罰，而其行賞罰之事，無不周遍者。」《中國哲學原論·原道篇》（臺北：臺灣學生書局，1986年10月全集校訂版，八十一年三月全集校訂版第二刷），卷一，頁190。

〔註124〕黃湘陽言：「墨子的天道觀念，是利用一般人以爲天有權威性的想法來闡發他人生行爲上客觀之義道的重要。客觀之義道，實行在社會生活中就是兼相愛，而得到交相利的治世之結果」《先秦天人思想述論》，頁94。

〔註125〕《荀子集釋》，頁362～364。

則失萬物之情。」〔註126〕此「天」乃是自然客觀運行之結果，人與其大思從頌於天，反失萬物生成之理，故不如制之用之，戡之定之矣。荀子旨在說明人與天之職有分，而無意強調人應該或者有能力改造天之道，或是「人賴智力可制用自然，戡定天地」，或是「人之力可決定一切萬有」。〔註127〕《荀子》謂：「天有其時，地有其財，人有其治，夫是之謂能參。」人之權力與能力範圍只是與天地參而已，故唐君毅言：「荀子重人之對天而盡人事，而人事之所成者，即非自然界之天地萬物所原有。然此亦不涵有：人之地位在天地之上之義，亦不涵有人對其外萬物，求加以控制，征服自然，而表現人之權力之義。」〔註128〕荀子雖云人由天生，天生人成，善惡皆是天生造就，人固有天君之心，然此心「不重更向內反省此心之所以爲心之性」，〔註129〕終於導向性惡之說；化性起僞必待聖人而有，又使其學說理論產生謬誤。總之，荀子言「天」只有自然之義，不涵意志與作用，實與後世天人感應之說各異其趣。

二、秦漢天人感應之理論

所謂「天人感應」，乃指天與人彼此具有相同或相似之感應能力，且彼此之間存在某種溝通彼此意見之媒介，透過感應方式，天與人可以洞悉以及影響彼此。大致上，「天人感應」之說，係以天之意志爲準則，凡人之一切舉措必須依循天之意志，順天意則興，逆之則亡；因此，雖然天人之間相互感應，然若按發生感應之秩序而言，當以天意爲先，人感應於後。天意藉種種符號使人感應其旨，人受天意符號啓示後，以種種方式回應天意，以達到天意要求。根據此一論證，袛少隱含二重意義：一、天人之間存在著既對立且不離之微妙關係；二、天人之感應呈現一種循環效應。因天具有意志，且能感應人世之變化，更能將其意志化爲符號傳遞訊息，故「天人感應」之「天」，大致可以定位爲「主宰之天」。

（一）《呂氏春秋》

《呂氏春秋》以五行相勝帝之說論五德終始，〔註130〕王者所以受命稱帝，

〔註126〕《荀子集釋》，頁378。

〔註127〕徐平章：《荀子與兩漢儒學》（臺北：文津出版社，1988年），頁47～48。

〔註128〕《中國哲學原論・導論篇》，頁442。

〔註129〕《中國哲學原論・導論篇》，頁444。

〔註130〕《呂氏春秋・應同》：「凡帝王之將興也，天必先見祥乎下民。黃帝之時，天先見大螾大螻。黃帝曰：「土氣勝。」土氣勝，故其色尚黃，其事則土。及禹

乃受惠於天，天以「機祥」方式傳遞天命。「機祥」內容不一，不過皆是天命
傳達意旨之符號，皆是五行之德之變形。〈應同篇〉稱黃帝之時見大蛾大螻、
禹見草木秋冬不殺、湯見金刃生於水、文王見赤鳥銜丹書集於周社，凡此祥
瑞之跡皆是天意所降之符，天命以此符號示人天命之意，可見君權神授之權
威性。「機祥」之說，於《呂氏春秋》中屢見不鮮；〔註131〕凡此皆是《呂氏春
秋》以「機祥」現象託爲天意之例，所謂天子行善則祥，不善則殃。〈十二紀
紀首〉雖然將災異之出現取決於人之行爲是否得當，使人之行動不再只是「聽
天由命」，由被動轉爲主動，但是人依然無法跳脫天道之掌握，故《呂氏春秋》
在統一天地萬物之屬性，並以人身視之，〈有始覽〉曰：「天地萬物，一人之
身也，此之謂大同。」更進一步強化天人間之關係，從而導出天人間「以類
相感」之理論。

　　《呂氏春秋》之天人感應，交雜著看似合理之客觀論述。〈序意〉曰：

> 文信侯曰：「嘗得學黃帝之所以誨顓頊矣，爰有大圜在上，大矩在下，
> 汝能法之，爲民父母。蓋聞古之清世，是法天地。凡〈十二紀〉者，
> 所以紀治亂存亡也，所以知壽夭吉凶也。上揆之天，下驗之地，中
> 審之人，若此，則是非可不可無所遁矣。天曰順，順維生；地曰固，
> 固維寧；人曰信，信維聽。三者咸當，無爲而行。行也者，行其理
> 也。」〔註132〕

　　　之時，天先見草木，秋冬不殺。禹曰：「木氣勝。」木氣勝，故其色尚青；其
　　　事則木。及湯之時，天先見金刃生於水，湯曰：「金氣勝。」金氣勝，故其色
　　　則金。及文王之時，天先見火，赤鳥銜丹書，集于周社。文王曰：「火氣勝。」
　　　火氣勝，故其色尚赤；其事則火。代火者必將水，天且先見水氣勝。水氣勝，
　　　故其色尚黑，其事則水，水氣至而不知數備，將徒於土」。

〔註131〕如〈制樂〉篇載云：「故成湯之時，有穀生於庭，昏而生，比旦而大拱，其吏
　　　　請卜其故。湯退卜者曰：『吾聞祥者福之先者也，見祥爲不善則福不至；妖者
　　　　禍之先者也，見妖爲善則禍不至。』於是早朝晏退，問疾弔喪，務鎮撫百姓，
　　　　三日而穀亡。」卷六，頁278；同篇又載：「周文王立國八年，歲六月，文王
　　　　寢疾五日而地動，東西南北，不出國郊，百吏皆請曰：『臣聞地之動也，爲人
　　　　主也。今王寢疾五日而地動，四面不出周郊，群臣皆恐，曰「請移之」』。文
　　　　王曰：『若何其移之也？』對曰：『興事動眾，以增國城，其可以移之乎。』
　　　　文王曰：『不可。夫天之見妖也，以罰有罪也。我必有罪，故天以此罰我
　　　　也。今故興事動眾以增國城，是重吾罪也。不可。』文王曰：『昌也請改行重
　　　　善以移之，其可以免乎。』於是謹其禮秩皮革，以交諸侯；飭其辭令幣帛，
　　　　以禮豪士；頒其爵列等級田疇，以賞群臣。無幾何，疾乃止。」頁279～
　　　　280。
〔註132〕《呂氏春秋‧序意》卷十二，頁588～590。

此語類似墨子法天之思想，其中論「天」亦有自然屬性。天意所降之命，乃是「非可不可」，其中蘊含著命定思想；而天意可從天、地、人三者中考察之，顯示天命並非深不可測，而是有跡可尋，天命之跡便是賦於天命之意之符號中。若順天意便得生，人行「無為」，乃行天之理而已，因此，天之理同時可以理解為天地萬物之本性，及其客觀規律之必然性。天地萬物之本性及其運動之規律，皆有其客觀之必然性，不得由人任意更改與違背，人只有順從之義，順從天理而行，由此確立了天人間之主從地位。

徐復觀認為，《呂氏春秋》中「由陰陽五行所構造的天，不是人格神，不是泛神，不是靜態的法則，而是有動力，有秩序，有反應（感通）的氣的宇宙法則，及由此所形成的有機體地世界。」〔註133〕《呂氏春秋》試圖對宇宙之緣起提出一番構想，繼之以陰陽五行學說展現天地萬物之生成變化，以陰陽五行觀念理解自然界，使陰陽五行成為一大有機組織，進而以此建構出世界觀、宇宙觀，此乃是空前之傑作。然而，《呂氏春秋》為顧及此學說對君權來源與災異現象所產生之矛盾與衝擊，提供之說明，其中當然有其合理成分，但亦不乏形式上之拼湊。事實上，《呂氏春秋》正同時存在著這種天人感應之神學與客觀規律之科學間之矛盾：客觀規律乃為天地事物尋求一套合理而客觀之解釋，而天人感應則為在位之當權者提供合理化之權力來源論。概言之：自荀子而後，時人熱衷對客觀知識之追求，不再強調人之自主性；且將追求客觀之知識納入天人感應之學說中，使客觀知識中交雜著天人感應之「天」，成為人性價值之根源，至《呂氏春秋》時，發展出「以類相感」之天人思維，成為「天人感應」思想之典型代表。

（二）董仲舒

《漢書》載董仲舒所以「為儒者宗」，〔註134〕乃在於承文王之《周易》與孔子之《春秋》後所治之《公羊春秋》，其治國「以《春秋》災異之變推陰陽所以錯行」，〔註135〕始推陰陽之學，由此表彰天人之道。可見以董仲舒為首之漢代儒者，在表述儒家思想體系時，已將陰陽五行觀念帶入其中，以

〔註133〕《兩漢思想史》卷二，頁79。

〔註134〕《漢書・五行志》：「昔殷道弛，文王《周易》；周道敝，孔子述《春秋》。則乾坤之陰陽，效〈洪範〉之咎徵，天人之道粲然著矣。漢興，承秦滅學之後，景、武之世，董仲舒治《公羊春秋》，始推陰陽，為儒者宗。」卷二十七上，頁1316～1317。

〔註135〕《漢書・董仲舒傳》卷五十六，頁2524。

陰陽五行與災異之變言天人之道，建立與先秦儒家截然不同之「天人合一」論。

董仲舒以爲「天」是由：「天、地、陰、陽、木、火、土、金、水、九，與人而十者，天之數畢也。」此即所謂「十端」，〔註136〕凡此十個基本因素是構成「天」存在之必要條件。故董仲舒言「天」當有廣狹兩義：狹義之「天」，係指相對於地以下九端之天文、天體；而廣義之「天」則指構成宇宙萬物之形式及其變化原理。董仲舒曰：「天地之氣，合而爲一，分爲陰陽，判爲四時，列爲五行。」〔註137〕天與地二端合爲一氣，一氣再分爲陰陽，陰陽再分爲五行，再以五行生化萬物，由氣之運行說明萬有之根源，及其變化秩序，構成漢代所謂「氣化宇宙論」之理論基礎。〔註138〕而「天」之性格是：

> 天高其位而下其施，藏其形而見其光；高其位，所以爲尊也，下其施，所以爲仁也，藏其形，所以爲神，見其光，所以爲明；故位尊而施仁，藏神而見光者，天之行也。故爲人主者，法天之行……。
> 〔註139〕

因「天」具有高位、下施、藏形、與見光之特點，「天」之完美典型，可以做爲人主效法之對象，故爲人主者，必要法天而行；況且人君受命於「天」，故必須法「天」而行，因「天」是以仁爲美，所以人主亦須法「天」，治人必以仁爲治道，〔註140〕「任德不任刑」。〔註141〕董仲舒在描述「天」性格時，慣以聖人與之對應，聖人之跡即是天道之體現，而聖人所有行爲皆隱喻爲人主者，凡是法天而行之人主，方始堪稱「聖人」。從董仲舒對「天」之描述中，

〔註136〕《春秋繁露·官制象天》：「何謂天之端？曰：天有十端，十端而止已，天爲一端，地爲一端，陰爲一端，陽爲一端，火爲一端，金爲一端，木爲一端，水爲一端，土爲一端，人爲一端，凡十端而畢，天之數也。」卷七，頁195。

〔註137〕《春秋繁露·五行相生》卷十三，頁334。

〔註138〕所謂「氣化宇宙論」，莊耀郎言：「天地萬物之生，必須有其生之原理，此總原理之名之曰『道』，此道之內容如以氣規定之，即謂之氣化宇宙論」〈原氣〉，《師大國文研究所集刊》第二十九號，頁39。

〔註139〕《春秋繁露·離合根》卷六，頁154。

〔註140〕《春秋繁露·王道通三》：「仁之美者在於天，天仁也，天覆育萬物，既化而生之，有養而成之，事功無已，終而復始，凡舉歸之以奉人，察於天之意，無窮極之仁也。人之受命於天也，取仁於天而仁也。」卷十一，頁295。

〔註141〕《漢書·董仲舒傳》：「天道之大者在陰陽。陽爲德，陰爲刑；刑主殺，而德主生，是故陽常居大夏，而以生育養長爲事，陰常居大冬，而積於空虛不用之處，以此見天之任德不任刑也。」卷五十六，頁2502。

時以人事滲雜其中，利用對天道之描述，當做對人主之要求，以「天」之性
格寄託於理想君主。

董仲舒之「天人合一」與「天人感應」是一體之兩面。〔註142〕然而，「天
人感應」是天之意志下貫於人，人只能依外在環境之轉變，以揣摩上天之旨
意，故人處於被動地位；而董仲舒之「天人感應」乃是進一步將天類比於人，
〔註143〕形成其所謂「人副天數」之說，天人之主從關係至為明顯。至於「天
人合一」，只是「數之偶合」與「類之相感」，人與天充其量不過是形式上之
類似而已，故董仲舒之「天人合一」與先秦儒道二家之「天人合一」精神迥
異，〔註144〕故勞思光直斥董仲舒天人感應為「偽儒學」。〔註145〕

董仲舒「天人感應」乃是透過「數之偶合」與「類之相感」模式建構其
說。所謂「數」可有二說：一說為「天之數」，〔註146〕「天」之數有十，人居
其中之一，且「天地之精所以生物者，莫貴於人」，人與天同類；一說為「偶

〔註142〕黃朴民言：「在董仲舒那裡，『天人感應』與『天人合一』之間既有聯繫，又
有區別。『天人合一』與『天人感應』之間，實際上存在著一種『體』與『用』
的關係。『合一』是『體』，而『感應』則是『體』之『用』。換言之，即『天
人合一』是『天人感應』的理論依據，而『天人感應』則是『天人合一』的
外化表現。不過，兩者關係中，『體』是主導的，『用』是依附從屬於『體』」
《董仲舒與新儒學》，頁105～106。

〔註143〕《春秋繁露·陰陽義》：「以類合之，天人一也。」卷十二，頁309。

〔註144〕牟宗三對漢代思想之評價向來不高，其主因乃是漢代思想家不解先秦儒家心
性之學，在《中國哲學的特質》中言：「中國人在先秦始創了儒、道兩家的心
性之學。兩漢之後，心性之學發展得精采層出，不但先後在魏晉和宋明兩時
代分別把先秦的道家和儒家大大地發展推進……」，頁89。且其《中國哲學
十九講》在前十講論先秦諸子後，便下接魏晉思想之作法，亦可從此處理解
先生之見解。

〔註145〕勞思光言：「漢儒思想本身為一種違背心性論傳統之混亂思想；以此而冒稱孔
子之學，實是一偽儒學。然此種儒學之『偽』，不為漢代人所了解。漢人一般
觀念，皆以為說陰陽，談災異即是『儒學』或是『經術』，因遂以偽作真。今
董仲舒又假借政治力量以提倡此種『天人相應』之說；於是作為陰陽五行家
與儒家之混血兒之漢儒思想，竟一度僭據中國哲學『正統』之『寶座』。自漢
以後，除言佛老者以外，知識份子莫不受此種荒謬思想之籠罩。直至宋代二
程立說，心性論方日漸重振。此則董仲舒等人不能辭其咎也。」《新編中國哲
學史》（二），頁25。

〔註146〕《春秋繁露·天地陰陽》：「天、地、陰、陽、木、火、土、金、水、九，與
人而十者，天之數畢也，故數者至十而止，書者以十為終，皆取之此。聖人何
其貴者，起於天，至於人而畢，畢之外，謂之物，物者，投其所貴之端，而
不在其，以此見人之超然萬物之上，而最為天下貴也。」卷十七，頁439。

天之數」，﹝註147﹞董仲舒將人比附爲天，因爲人身猶天，人身小節副日數、大節副月數、五臟副五行數、四肢副四時、視瞑副晝夜、剛柔副冬夏、哀樂副陰陽……，凡人身可數者，皆與天數弅合。依「偶天之數」理論言，乃是以物質實體之存在，透過「類比」方式，﹝註148﹞推求出不可知之天意；董仲舒所謂「陳其有形，以著無形者」、「拘其可數，以著其不可數者」，便是建立在天人之類比關係上。而董仲舒言：「於其可數也，副數；不可數者，副類，皆當同而副天一也。」便是以人身之數副合天數爲說，以爲人身由天而來，故人身一切身體與精神作用，皆副合天之構造與運行規律，人身合符天數，故人更應法天而行。

至於「類之相感」，是指凡同類之事物可以相互感應，因爲人與天「數之偶合」，故「以此言道之亦宜以類相應，猶其形也，以數相中也」，﹝註149﹞故「類之相感」亦是「數之偶合」理論之延伸。所謂「天無所言，而意以物，物不與群物同時而生死者，必深察之。是天之所以告人也」，人亦由此得到與天溝通之管道。因爲「天意難見也，其道難理」，天道不可言說，故以陰陽五行說表述天道之載體，透過可感知之陰陽五行以推測不可知之天道。董仲舒曰：

> 夫王者不可以不知天，知天，詩人之所難也，天意難見也，其道難理，是故明陽陰入出、實虛之處，所以觀天之志；辨五行之本末、順逆、小大、廣狹，所以觀天道也。﹝註150﹞

天道乃是透過陰陽五行爲其載體，故人可以經由對陰陽、五行運行變化之深察，進而掌握天道。然而，「天」並非人人可知，可知者，唯天子而已。董仲

﹝註147﹞《春秋繁露·人副天數》：「天地之符，陰陽之副，常設於身，身猶天也，數與之相參，故命與相連也。天以終歲之數，成人之身，故小節三百六十六，副日數也；大節十二分，副月數也；內有五臟，副五行數也；外有四肢，副四時數也；乍視乍瞑，副晝夜也；乍剛乍柔，副冬夏也；乍哀乍樂，副陰陽也；心有計慮，副度數也；行有倫理，副天地也，此皆暗膚著身，與人俱生，比而偶之弅合，於其可數也，副數，不可數者，副類，皆當同而副天一也。是故陳其有形，以著無形者，拘其可數，以著其不可數者，以此言道之亦宜以類相應，猶其形也，以數相中也。」卷十三，頁 327～328。

﹝註148﹞所謂「類比」，李震解釋：「由我們對於可經驗到的物體之認識，可推求物體之經驗不到的原理，是爲類比。」《宇宙論》（臺北：臺灣商務印書館，1967年4月），頁 35～36。

﹝註149﹞《春秋繁露·人副天數》卷十三，頁 328。

﹝註150﹞《春秋繁露·天地陰陽》卷十七，頁 440。

舒曰：

> 言察身以知天也，今身有子，孰不欲其有子禮也！聖人正名，名不
> 虛生，天子者，則天之子也，以身度天，獨何爲不欲其子之有子禮
> 也！〔註151〕

其所謂可知天之「身」，乃指天子之身，天子有其名，當有天之子之實，故由天子之身體類比於天，進而知天。天子之身是天之化形，察天子之身乃爲求知天，最終目的在「人副天數」，強化天人感應之關係。在董仲舒論述之中，明顯以人類比於天，特別是在君主施政之要求，要求君主須法天而行。所謂：

> 夫王者不可以不知天，知天，詩人之所難也，……天志仁，其道
> 也義，爲人主者，予奪生殺，各當其義，若四時；列官置吏，必
> 以其能，若五行；好仁惡戾，任德遠刑，若陰陽；此之謂能配天。
> 〔註152〕

董仲舒對「天」之理解，宛若是理想君主之寄託，而由其「天道」所導出之天道觀，無疑隱含著個人理想政治；一方面符合其天道理論，另一方面更切近於「天人感應」學說對政治所具有之指導作用。董仲舒乃是想藉由「天道」之觀念，建立一套具有客觀理論依據之政治理論，可見「董仲舒所說的天道的運行和變化，主要是爲了建立人道」，〔註153〕故宇宙論述並非董仲舒學說之重心；正因爲董仲舒乃著眼處在於人世，所以對於天道之描述與闡發，均落在思考如何以天道來配合政治之設計上。然而，就詮釋觀點而言，董仲舒天人感應之說，無論是從宇宙論角度來思考人世政治，或者是以政治立場來建構宇宙圖式，兩者皆有可說；然而，無論以何種角度切入，皆不影響董仲舒天人感應之理論模式。

三、《白虎通》之天人感應理論

先秦儒道兩家之學至漢代即遭曲解，陰陽五行下之天人感應取代儒家心性精神，而道家形上哲理轉成與民休息之黃老道術；復由於東漢經學發展時勢所趨，使經學更切近於政治人事，達到所謂「通經致用」之目的，形成一

〔註151〕《春秋繁露・郊語》卷十四，頁367～368。
〔註152〕《春秋繁露・天地陰陽》卷十七，頁440。
〔註153〕《春秋繁露今註今譯》，頁14。

－139－

股通經致用之思潮。《白虎通》天人感應之理論與董仲舒思相息息相關，董仲舒之天人感應必以陰陽五行爲其理論基礎，而「通經致用」之思潮亦影響《白虎通》著重「致用」之特質，故《白虎通》之天人感應學說便兼具著宣揚儒家經典與陰陽五行之雙重任務。

（一）《白虎通》「天」之義含

「天」在《白虎通》文本之中，語意頗爲豐富，從不同詞組及語脈中，大致可分以下三種含義。

1.「天地」

《說文》曰：「天，顛也，至高無上。」（頁 1）「天」是指相對人而言之高上之處，用以描述空間概念之名詞，此乃「天」之本義，亦是傳統慣用、使用最廣，至爲平常之義。《白虎通》曰：

> 天者何也？天之爲言鎮也，居高理下，爲人鎮也。（卷九〈天地〉，頁 499）

基本上，《白虎通》以爲「天」是居高位以下理人事，與漢人對「天」之性格見解立場一致；但稱「天」可以爲人經緯，使「天」覆上一層形上義理。《白虎通》曰：

> 樂以象天，禮以法地。人無不含天地之氣，有五常之性者。（卷三〈禮樂〉，頁 112）

因「天」與「地」分別指涉上下兩處空間，故「天」、「地」經常對舉，傳統亦以「天地」此一複合詞總稱概括人所處之生存環境。〔註154〕《白虎通》曰：

> 男女總名爲人，天地所以無總名何？曰：天圓地方不相類，故無總名也。（卷九〈天地〉，頁 502）

「天圓地方」乃當時之宇宙觀，故以「天地」概括所有空間。「天」既是指在人高上之處，人所生存之處皆在「天」籠罩之下，故人所處之處亦稱「天下」，

〔註154〕《白虎通》文本之中，亦常以「天地」指涉天空與地表兩種空間。如「社無屋何？達天地氣。故《郊特牲》曰：「天子大社，必受霜露風雨，以達天地之氣。」（卷三〈社稷〉，頁 107）；「夫禮者，陰陽之際也，百事之會也，所以尊天地，儐鬼神，序上下，正人道也。」卷三〈禮樂〉，頁 114；「太平之時，時雨時霽，不以恆暘而以時暘，天地之氣宣也。」卷六〈災變〉，頁 326。

《詩經》曰：「溥天之下，莫非王土。」〔註155〕即是此義。《白虎通》曰：

> 王者所以有社稷何？爲天下求福報功。（卷三〈社稷〉，頁99）

> 王者，往也，天下所歸往。（卷二〈號〉，頁56）

> 太平乃制禮作樂何？夫禮樂，所以防奢淫。天下人民飢寒，何樂之乎？功成作樂，治定制禮。（卷三〈禮樂〉，頁117～118）

> 王者始起，何用正民？以爲且用先代之禮樂，天下太平，乃更制作焉。（卷三〈禮樂〉，頁118）

> 王者食所以有樂何？樂食天下之太平，富積之饒也。（卷〈禮樂・侑食之樂〉）

凡以上所引之「天下」，與「溥天之下」同義，皆指「天」所覆蓋下之人事地物，其義與「天地」略同；不過，「天下」僅止於「天」之下，而「天地」不僅涵蓋「天下」，更包涵「地」以上之天體；此外，「天下」一辭隱含政治意味，指王者政權所及之統治領域；前者涉及《白虎通》之宇宙論，而後者與「天人感應」關聯密切。

2.「天道」

上述第一義之「天」，概指天空及如日月星之天體；《白虎通》言「天道」，則經常是指天地萬物運行變化之規律。《白虎通》曰：

> 一公置三卿，故九卿也。天道莫不成於三：天有三光，日、月、星；地有三形，高、下、平；人有三等，君、父、師。故一公三卿佐之，一卿三大夫佐之，一大夫三元士佐之。天有三光，然後能遍照，各自有三法，物成於三，有始，有中，有終。明天道而終之也。（卷四〈封公侯〉，頁157）

凡天地萬物及其事物之類別與變化等，皆可三分，此乃謂之「天道」，「三」是構成「天道」之數，「天道」即「三」。如天地有天地人，天有三光，地有三形，人有三等；物成於始、中、終三階段，構成一種循環過程，故「天道」是宇宙運行變化之規律，而其規律是「三」。因此如人事官制「一公三卿佐之」，乃是法「天道」而成。《白虎通》曰：

> 天道所以左旋，地道右周何？以爲天地動而不別，行而不離，所以

〔註155〕《詩經・北山》卷十三之一，頁444。

> 左旋右周者，之猶君臣陰陽相對之義也。（卷九〈天地〉，頁 502）

「天道」相對於「地道」向左運行，「地道」相對於「天道」向右周轉，此處之「天道」似乎等同於相對於「地」之「天」，故稱「天地動而不別」。但是「天道」並不等於天體之日月星，天之有日月星三光，僅是「天道」之一部分，甚且日月星是與「天道」相反而行，所謂：「天左旋，日月右行」（卷九〈日月〉，頁 508）」、「天左旋，日月五星右行何？日月五星比天爲陰，故右行。右行者，猶臣對君也」。「天道」運行所產生之明顯變化，便是時間，如：日明夜暗，〔註156〕月滿月闕，〔註157〕春暖夏暑秋涼冬寒，〔註158〕一年週而復始。但是一年並非「天道」循環之週期。《白虎通》曰：

> 所以不歲守何？爲大煩也。過五年，爲大疏也。因天道時有所生，歲有所成。三歲一閏，天道小備，五歲再閏，天道大備。故五年一巡守，三年二伯出述職黜陟。（卷六〈巡狩〉，頁 344）

以巡狩爲例，每歲巡狩太繁，而隔五年則太疏，應以三歲二伯述職，五年一巡狩，其所持理由，乃是「三歲一閏，天道小備，五歲再閏，天道大備」；亦如守喪三年，皆是循「天道」之數。〔註159〕因此，三歲一閏乃是「天道」小週期，五歲再閏是大週期，〔註160〕因爲「三」是構成「天道」之數，故三年一閏乃是「天道」之基本週期。因此，《白虎通》所謂之「天道」，係指「天」之道，即宇宙萬物之差別與變化之規律，天道是「三」。《白虎通》曰：

〔註156〕《白虎通》曰：「日月所以懸晝夜者何？助天行化，照明下地。」（卷九〈日月〉，頁 504）又曰：「一日一夜，適行一度，一日夜爲一日，剩復分天爲三十六度，周天三百六十五度四分度之一，日月徑皆千里也。」卷九〈日月〉，頁 506。

〔註157〕《白虎通》曰：「月之爲言闕也。有滿有闕也。所以有闕何？歸功于日也。三日成魄，八日成光，二八十六日轉而歸功晦，至朔旦受符復行。故《援神契》曰：『月三日而成魄，三月而成時。』」（卷九〈日月〉，頁 505）又曰：「月有小大何？天左旋，日月右行。日日行一度，月日行十三度。月及日爲一月，至二十九日，未及七度，即三十日者。過行七度，日不可分，故月乍大乍小，明有陰陽也。」卷九〈日月〉，頁 508。

〔註158〕《白虎通》曰：「三月名之何？天道一時，物有其變，人生三月，目煦亦能咳笑，與人相更答，故因其始有知而名之。」卷九〈姓名〉，頁 483。

〔註159〕《白虎通》曰：「喪三年何法？法三年一閏，天道終也。」卷四〈五行〉，頁 235。

〔註160〕《白虎通》曰：「月有閏餘何？周天三百六十五度四分度之一，歲十二月，日過十二度，故三年一閏，五年再閏，明陰不足，陽有餘也。」卷九〈日月〉，頁 509。

> 天雖至神，必因日月之光；地雖至靈，必有山川之化；聖人雖有萬
> 人之德，必須俊賢三公、九卿、二十七大夫、八十一元士，以順天
> 成其道。（卷四〈封公侯〉，頁155）

天因日月之光始能至神，地有山川之化始能至靈，聖人則必須三公、九卿、
二十七大夫、八十一元士始備萬人之德，凡此皆只爲順天成其道「三」。此
處言「天」，可以分別與地、人相對論，又可以「天」含括天、地、人三者
成一「天道」，故由《白虎通》對「天」之解釋，可從抽象之「天道」與具體
之宇宙實體之「天」二層義意加以掌握：當只稱「天」時，概指天空與天
體；若稱「天道」，則是指天地萬物差別與變化之規律。然而，「天」之兩
義並非涇渭分明，在文本論述之中，兩義者經常模糊彼此界限，或是《白虎
通》似乎有意縮合兩義以爲一事，由此適可理解《白虎通》天人感應之旨趣
所在。

3.「天命」

上述《白虎通》「天」之兩義，不僅是指天地之天體，甚至包涵天體運行
之規律；更重要者，「天」是具有人格意志之宇宙本體，擁有主宰宇宙全體之
絕對權力，[註161]《白虎通》稱之爲「天命」或「天意」。《白虎通》「天命」
之觀念，具體表現在天下人之生命及其運際、政治權力之確立兩方面。

《白虎通》曰：

> 姓者，生也，人稟天氣，所以生者也。（卷九〈姓名〉，頁477）

> 命者何謂也？人之壽也，天命已使生者也。命有三科以記驗，有壽
> 命以保度，有遭命以遇暴，有隨命以應行。壽命者，上命也。若言
> 文王受命唯中身，享國五十年。隨命者，隨行爲命，若言怠棄三正，
> 天用剿絕其命矣。又欲使民務仁立義，無淊天。淊天則司命舉過言，
> 則用以弊之。遭命者，逢世殘賊，若上逢亂君，下必災變，暴至，
> 天絕人命，沙鹿崩于受邑是也。冉伯牛危行正言，而遭惡疾，孔子
> 曰：「命矣夫，斯人也而有斯疾也，斯人也而有斯疾也！」（卷八〈壽

〔註161〕張永俊認爲《白虎通》之「『天』是有意志的、能主宰的，爲道德價值的超越
　　　　絕對標準，能『命有德』、『革無道』，獎善懲惡，好生而行仁。故而有『災
　　　　異』、『有祥瑞』、有『譴告』。宇宙中的若干自然現象，如地震、洪水、日月
　　　　之蝕等等，皆可解釋爲此宇宙之絕對權力的精神意志之特殊反映，如『天人
　　　　感應』、『天命有德』等等。」〈《白虎通德論》之思想體系及其倫理價值觀〉，
　　　　頁78。

命〉，頁 463～465）

人之所以為人，乃人稟天之氣而生，故人因天氣而為人。人之壽曰命，而人之壽命，乃天之氣所使之然也。人之生係由天而有，人之命亦當受限於天，故人之命有三科，以三科驗證人之命乃天所決定：「壽命」即上命，若文王受命享國五十年；「隨命」即隨行為命，若怠棄三正，天用剿絕其命，若使民務仁立義則無滔天；「遭命」即逢世殘賊，若上逢亂君，下必災變，夭絕人命。《白虎通》所言三科之命，非指天下一般百姓個別之特殊命限，而是天下人之共同命運，若逢有德之王則天下太平，遇無德之王則夭絕人命，天下百姓之命與天子之品德操守息息相關，天子之德繫天下百姓之命。雖然百姓之命繫于天子之德，然而，天子誰屬，卻非百姓所能決定，能決定天子之人選，唯有「天」。故《白虎通》之「天命」，不僅是指天下百姓之共同命運，更是指決定天下百姓共同命運之天子人選，由天子之人選決定天下百姓之共同命運，《白虎通》日總稱之曰「天命」。

《白虎通》曰：

> 天子者，爵稱也。爵所以稱天子何？王者父天母地，為天之子也。故〈援神契〉曰：「天覆地載，謂之天子，上法斗極。」〈鉤命決〉曰：「天子，爵稱也。」帝王之德有優劣，所以俱稱天子者何？以其俱命于天，而王治五千里內也。《尚書》曰：「天子作民父母，以為天下王。」（卷一〈爵〉，頁 1～8）

《白虎通》開宗明義即稱，「天子」乃是一種爵稱，因天子父天母地，而為天之子，故稱「天子」。天子之所以能成為天子，實與其自身之品德操守無關，而完全取決於天之決定，故天子受命於天，此即所謂「天命」。《白虎通》曰：

> 或稱天子，或稱帝王何？以為接上稱天子，天子者，明以爵事天也。接下稱帝王者，明位號天下，至尊之稱，以號令臣下也。（卷二〈號〉，頁 57）

「天子」與「帝王」之稱號，兩者異名而同實。對天而言，「天子」之名義，即是彰顯天子之爵位乃是奉天命而有，目的在事天；對天下而言，「帝王」之名義，乃天下之至尊，可以號令群臣，統治天下。《白虎通》曰：

> 王者受命必改朔何？明易姓，示不相襲也。明受之于天，不受之于人，所以變易民心，革其耳目，以助化也。（卷八〈三正〉，頁 426）

天子之位乃受之於天，非受之于人，故天子即位必改正朔，作用乃在昭告世人，天下已易姓而王。《白虎通》曰：

> 王者受命，必立天下之美號，以表功自克，明易姓爲子孫制也。……
> 必改號者，所以明天命已著，欲顯揚己于天下也。己復襲先王之
> 號，與繼體守文之君無以異也。不顯不明，非天意也。故受命王
> 者，必擇天下美號，表著己之功業，明當致施是也。所以預自表克
> 于前也。（卷二〈號〉，頁68）

天子即位改正朔，乃爲革新天下耳目；而立天下之美號，乃爲表彰功績，爲後世子孫立制。且改號之目的，主要在宣示天命已降臨天子之身，若無改號而襲先王之號，則受命之天子與繼體守文之君無異，此非天之意，故改號乃在表彰天子之功業，以號令群臣，充分行使政權以治理天下。《白虎通》曰：

> 王法天誅者，天子自出者，以爲王者乃天之所立，而欲謀危社稷，
> 故自出，重天命也。（卷五〈三軍〉，頁245）

因天子乃天命所立之權位，若有謀危社稷之叛亂者，挑戰天子之地位，即形同蔑視天命，天子必當出兵鎮壓，一如天誅，以鞏固政權於不墜，彰顯並維護天命之神聖與莊嚴。

（二）《白虎通》之天人感應理論

　　基本上，由天人之關係推究天人相互感應之型態大抵有兩種：其一是由內而外，由人之心性道德感通於「天」，如先秦孔孟之儒家，或者由人之精神靜觀「天」爲一形上實有，如老莊之道家，此一型態是先貞定人之主體性，繼而由人之內在向外推擴，尋求人在宇宙中之地位與角色；其二是由外而內，由外在之「天」之意志做爲人行爲之準則，以「天」爲權威來源，如墨家、荀子之思想，此一型態乃是先認知宇宙整體之結構與運行，再向內確立人在宇宙中之地位與角色。天人感應宣示天與人之關係，既是相互對立，又相互聯係，天人間之感應方式呈現出循環效應，不論由內而外，或者由外而內，兩種型態皆有可說；但是，就天人感應之發生歷程而言，是先由天命降之於人世，人事之任何舉措乃爲回應天命，天與人之間始能構成循環效應，故由外而內之型態在天人感應過程中有其優先性。天人感應之理論基礎，必先肯定「天」爲一有意志之「人格天」，上自天體運行之規律，下至人倫日用之常軌，皆在天意之中；唯有天是有意志，人方有感應對象，始能言天人

感應。

《白虎通》之天人感應，乃是承襲墨家、董仲舒以來以天命爲權威來源之傳統。儘管在《白虎通》文本之中，「天」有諸多義含，但如此現象並不表示《白虎通》割裂對「天」之理解且互不相容，實則，《白虎通》對「天」之理解，不僅含義豐富，且有意將諸多含義融合爲一；而此一融合，固然是源自於《白虎通》本身「通經致用」之性格使然，〔註162〕且其融合之結果，適足以展現其天人感應之關係。質言之，《白虎通》乃是透過詮釋經義之過程，以期建立天人感應之理論模式，爲實現世界提供一套可資依循之行爲規範，以達到政治策略之目的。

天人之所以能相互感應，乃在於人之性命稟受於「天」，人與「天」具有陰陽五行之同質性，故人能透過陰陽五行之變化感受天意。雖然「天」與人同質，且能相互感應，但由於天人之感受能力不一，且彼此用以表現意志之媒介亦不相同，故感應之方式亦不相同。因此，論述天人之感應過程，須從天示意於人與人回應天兩方面加以分析。

呂理政（1950～）分析兩漢時代之「天」、「人」關係時言：

傳統宇宙觀中的所謂「天」與「人」，在含義上，大概可以這樣來界說：「天」指的是自然，或者說是日月來復、四時代興的自然秩序，有時也指涉星空的天文現象或異象；「人」指的是人事，通常不著重在個人，而著重在人所存身的社會或國家，尤其在兩漢時代，最重要的「人事」，乃是國家政治與君王。簡言之，古代宇宙觀中的「天人關係」，兩漢時代以天與社會（國家）人事的關係爲探討主題，……〔註163〕

呂理政之說雖泛指古代之宇宙觀，並特別點出兩漢時代之天人關係，其說解釋《白虎通》之「人」之部分，尤其貼切。《白虎通》之「天」，不僅含

〔註162〕張永俊言：「從它十二卷的篇章結構來看，它對於宇宙人生的自然、歷史與文化的各層面皆包羅無遺，舉凡天地自然、……皆有極詳盡的規劃，皆有極周密的陳述，皆賦予種種哲學性的解釋。雖然這些解釋是建立在「神學自然觀」的預設基礎上，藉以「通經致用」，在「五經大義」的理論與實踐上強調其合理的規範與必然的關係，用以滿足政治上的策略與目標——「大一統」、「通天下於一統」。」《白虎通德論》之思想體系及其倫理價值觀〉，頁74。

〔註163〕呂理政：《天、人、社會——試論中國傳統的宇宙認知模型》（臺北：中央研究民族學研究所，1990年3月），頁40。

有自然意義之「星空的天文現象或異象」之「天地」，有「日月來復、四時代興的自然秩序」之「天道」，更重要者，《白虎通》尤其強調天人感應中最重要之「天命」；而「人」，則是指「人事」，指「國家政治與君王」。如前所述，《白虎通》之「天命」，係指天下百姓之共同命運，及其決定天下百姓共同命運之天子人選，而決定天子與百姓共同命運者，乃在政權之確立與治權之良窳。〈中庸〉曰：「國家將興，必有禎祥；國家將亡，必有妖孽。」〔註164〕「禎祥」即「祥瑞」之部分，「妖孽」則表示「災異」部分，「機祥災異」皆與國家興亡有密切關聯，皆是天意所示於人之象徵。因此，天命表現在政治方面可從兩方面分析：在積極方面，天以「符命」傳達受命之天子，以「祥瑞」肯定天子之德；在消極方面，天以「災異」表示對天子之失德所提出之警告。

　　天人感應影響天下最重要之事，便是任命王者之天命。天子受天命統理天人之事，受天命之王者乃有符瑞之應，《呂氏春秋・應同》曰：「帝王之將興也，天必先見祥于下民」，「祥」乃是天命所示意之符號，暗示將有新一代帝王興起；董仲舒曰：「有非力之所能致而自至者，西狩獲麟，受命之符是也。」〔註165〕即是此意。《白虎通》曰：

> 天下太平，符瑞所以來至者，以爲王者承天統理，調和陰陽，陰陽和，萬物序，休氣充塞，故符瑞並臻，皆應德而至。（卷六〈封禪〉，頁335）

王者之所以爲王者，乃因王者有其德，而王者有其德，乃是受天之命而起，故受命王者之德，非是人事所能決定；而受天命之王者，之所以獨受天命，亦非人事所以決定。天命雖不可知，不過天命之意仍可得而聞，檢證天命，可從各種符瑞跡象得知；換言之，天命之意乃藉由符瑞示意於人世，符瑞乃成爲天命之傳媒，象徵帝王受命之徵侯。《白虎通》曰：

> 《周頌》曰：「烈文辟公，錫茲祉福。」言武王伐紂，定天下，諸侯來會，聚于京師受法度也，遠近莫不至。受命之君，天之所興，四方莫敢違，夷狄咸率服故也。（卷八〈瑞贄〉，頁412）

　　因天子受命於天，因天而興起，其權位即正當且神聖，故天下莫不臣服，如武王之伐紂，天下諸侯聚於京師以受天子所設之法度，即使四方夷狄亦臣

〔註164〕《禮記・中庸》卷五十三，頁895。
〔註165〕《春秋繁露・符瑞》卷六，頁147。

服於其下。《白虎通》曰:「天子者,……王者,父天母地,爲天之子也。」(卷一〈爵〉,頁 5～6)天子受命源自於天,執握最高政權,地位在眾人之上,無人能出其右,故其受封之事不必假他人之手,「天子」之名必出自於天,由「天子」之稱顯示其身分之特殊。

天人感應理論影響政治最重大之議題,乃是決定天子人選之符瑞。因爲天子是經由天命所定,天命是命定形式,故符瑞具有必然性,而天命以符瑞表現其意旨,人世間只能依天命之符瑞確定天子人選;因此,所謂符瑞往往成爲政治奪權之藉口與工具。例如,西漢末元始元年「風益州令塞外蠻夷獻白雉」,〔註 166〕群臣盛言以爲王莽有定國安漢家之大功,故有白雉之瑞;〔註 167〕王莽遂後又博求禎祥、祥瑞之兆,僅五年之中,所現祥瑞即有七百餘件;〔註 168〕最後於元始五年,有白石丹書曰「告安漢公莽爲皇帝」,〔註 169〕成爲王莽篡漢最初之符命。又如,東漢劉秀草創之初,獲赤伏符曰:「劉秀發兵捕不道,四夷雲集龍鬥野,四七之際火爲主」,〔註 170〕群臣因赤伏符而復奏曰;「受命之符,人應爲大,萬里合信,不議同情,周之白魚,曷足比焉?今上無天子,海內淆亂,符瑞之應,昭然著聞,宜荅天神,以塞群望。」〔註 171〕劉秀乃受天之命,得相應之符瑞即位皇帝。

所謂「水能載舟,亦能覆舟」,正因爲符瑞象徵天子政權之必然性,易淪爲政治鬥爭奪權之工具,牽動政治最敏感之神經,因此,符命泰半出現於政治動盪時期。《白虎通》之論天子符命,雖維持傳統一貫「天命」之立場,但《白虎通》出現在太平盛世,似乎無須強調符瑞受命之說,除非作者有意謀反當權者。因此,在《白虎通》文本之中,有關天子符瑞之說,極少有論及

〔註 166〕《漢書‧王莽傳》卷九十九上,頁 4046。

〔註 167〕《漢書‧王莽傳》卷九十九上:「莽功德致周成白雉之瑞,千載同符。聖王之法,臣有大功則生有美號,故周公及身在而託號於周。莽有定國安漢家之大功,宜賜號曰安漢公。」頁 4046。

〔註 168〕《漢書‧王莽傳》卷九十九上元始五年:「至德要道,通於神明,祖考嘉享。光耀顯章,天符仍臻,元氣大同。麟鳳龜龍,眾祥之瑞,七百有餘」,頁 4074。

〔註 169〕《漢書‧王莽傳》卷九十九上:「是月,前煇光謝囂奏武功長孟通浚井得白石,上圓下方,有丹書著名,文曰『告安漢公莽爲皇帝』。符命之起,自此始矣。」頁 4078～4079。

〔註 170〕《後漢書‧光武帝紀》卷一,章懷注曰:「四七,二十八也。自高祖至光武初起,合二百二十八年,即四七之際也。漢火德,故火爲主也。」頁 22。

〔註 171〕《後漢書‧光武帝紀》卷一,頁 21～22。

受命之符，而改以符瑞做為天子執政良窳之判準，轉向強調天子施政之德。《白虎通》曰：

> 德至天，則斗極明，日月光，甘露降；德至地，則嘉禾生，蓂莢起，秬鬯出，太平感；德至文表，則景星見，五緯順軌；德至草木，則朱草生，木連理；德至鳥獸，則鳳皇翔，鸞鳥舞，麒麟臻，白虎到，狐九尾，白雉降，白鹿見，白鳥下；德至山陵，則景雲出芝實，茂陵出黑丹，阜出蓮莆，山出器車，澤出神鼎；德至淵泉，則黃龍見，醴泉涌，河出龍圖，洛出龜書，江出大貝，海出明珠；德至八方，則祥風至，佳氣時喜，鐘律調音，度施四夷，化越裳貢。（卷六〈封禪〉，頁335～337）

凡《白虎通》所舉之祥瑞事跡並臻，皆是應天子之德而有。在《白虎通》之觀念中，雖然帝王之德各有優劣，然而天子之所以能成為天子，完全聽命於天，與天子自身之品德操守無關，此即所謂「天命」；故天子之有德與否，乃與其政權來源之正當性不相應。就此而言，《白虎通》以「天命」形式肯定天子地位之必然性，卻未曾質疑政權來源之正當性；以符瑞徵侯鼓勵天子行德政，乃是出於應然之要求，對於天子是否行德政並無質實之約束力。

上例「西狩獲麟」一事，疏曰：「麟者仁獸，太平之嘉瑞。而言記異者，當爾之時，周室大衰，為天下所厭，漢高方起堯祚。將興者謂之瑞，亡者謂之異。」〔註172〕可知「祥瑞」與「災異」乃是一體之兩面，一種特異事項，對於將興者而言是「祥瑞」，而將亡者則謂之「災異」。《呂氏春秋·應同》曰：「商箴云天降災布祥，並有其職，以言禍福人或召之也」，因此，「祥瑞」與「災異」皆是天有意降布於人世，以「祥瑞」之「福」與「災異」之「禍」表示天對人之行為之判斷。天子雖然受命而有天下，但天子並非至高無上，若謂「祥瑞」是天對天子之德表示嘉許之意，則「災異」便是天對天子之治國能力與失德表示不滿所提出之嚴重警告。「災異」乃成為天人感應過程中天對人之溝通符號。

皮錫瑞言「《公羊春秋》多言災異」，然《春秋公羊傳》所言之「災」如：蟲災、水旱災、疫病、火災等禍害；所言之「異」如：大雨、大雪、地震、山崩、邑陷等異象，以及非屬中國境內所有之珍禽異獸；《公羊傳》之「災異」，概指自然界之災害或異象，然皆未以其災異推論人事禍福。如《公羊傳》載

〔註172〕《十三經注疏·公羊傳》，頁355。

哀公十四年春:「西狩獲麟,何以書?記異也。何異爾?非中國之獸也。」又如文王二年「自十二月不雨,至于秋七月。」其條下曰:

> 何以書?記異也。大旱以災書,此亦旱也,曷爲以異書?大旱之日短而云災,故以災書。此不雨之日長而無災,故以異書也。〔註173〕

「災」有危及人身性命安全,而「異」僅是違反常態之特異現象,《公羊傳》所以記載「災異」,只因「災異」現象異於尋常,「由是觀之,《公羊傳》本身言災異,尚未附會政治得失;即或有此意,亦未有過份著墨」。〔註174〕可知,在《公羊傳》之中並未以「災異」解釋政治上之得失,甚至以「災異」做爲平衡天子在政治上之專權。〔註175〕以「災異」附會於政治上之得失,乃是後起之觀念。

《春秋繁露》曰:

> 其大略之類,天地之物,有不常之變者,謂之異,小者謂之災,災常先至,而異乃隨之,災者,天之譴也,異者,天之威也,譴之而不知,乃畏之以威,《詩》云:「畏天之威。」殆此謂也。〔註176〕

所謂「異」者,乃指「不常之變」,舉凡天上地下所有異於尋常之事物,皆可謂「異」;而「災」者,則指較爲輕微之「不常之變」,因此,「災」與「異」只是情節輕重與否之分,兩者在本質上並無不同,皆是天有意降於人世,以爲警告世人之媒介。所謂「災常先至,而異乃隨之」,天以「災」「異」示人,不僅輕重有別,在出現之秩序上,亦有先後之分。所以如此,乃是「災」象徵著「天之譴」,而「異」象徵「天之威」,「天之譴」有預警意味,而「天之

〔註176〕《十三經注疏・公羊傳》,頁165。

〔註174〕王初慶:〈淺論漢初公羊學災異說〉,收錄於《兩漢文學學術研討論文集》,頁1~11。

〔註175〕「機祥」是「災異」之另一代名詞,但較之「災異」,「機祥」則多一層吉祥之徵兆與政治之作用。《史記・天官書》曰:「機祥,吉凶之先見也。」兼指吉凶之徵兆;卷二十七,頁1343。《史記》言騶衍「載其機祥度制」,說明與政治制度有關;且從《呂氏春秋》之十二月令之安排,其政治制度乃以陰陽變化爲指導原則,展現「機祥度制」之政治性。胡適《中國中古思想史長編》言:「《史記》所說的機祥制度,現在雖不傳了,但我們可以揣想《呂氏春秋》所收的五德終始論,代表騶衍的學說,而《呂氏春秋》所採取的十二月令,亦代表騶衍的機祥制度的綱領。五德終始論是用五行轉移的次第,來解釋古往今來的歷史大變遷。月令是用五行的原則來按排一年之中的四時之大順,來規定四時,八位,十二度,二十四節各有教令,這種分月的教令,便是機祥制度。」頁42。

〔註176〕《春秋繁露・必仁且智》卷八,頁236。

威」則具有懲罰性作用。故「災異」是顯示天意之方式，其目的在於警告世人；先災後異，先譴而威，則是顯示上天有「好生之德」，故「災異」乃非天意之目的。《春秋繁露》曰：

> 凡災異之本，盡生於國家之失，國家之失乃始萌芽，而天出災害以譴告之；譴告之，而不知變，乃見怪異以驚駭之；驚駭之，尚不知畏恐，其殃咎乃至。以此見天意之仁，而不欲陷人也。〔註177〕

> 國家將有失道之敗，而天迺先出災害以譴告之；不知自省，又出怪異以警懼之；尚不知變，而傷敗迺至。〔註178〕

「災異」之所以出現，乃緣於國家失序，天出「災異」之目的，乃在譴告世人，若世人不知自省，不知通變，不知畏恐，則天繼之以殃咎傷敗降臨人世；可知，「災異」乃是天具有仁心之表現，災害加人非其本意，實不得已也。東漢鄭興即言：「天於賢聖之君，猶慈父之於孝子也，丁寧申戒，欲其反政，故災變仍見，此乃國之福也」，〔註179〕甚至將天降之災異，視爲慈父之於孝子之告誡，有之乃是國家之福。

　　《白虎通》言「災異」實是繼承董仲舒之說而來而稍異。《白虎通》曰：

> 災異者何謂也？《春秋潛潭巴》曰：災之言傷也，隨事而誅；異之言怪也，先發感動之也。（卷六〈災變〉，頁319）

「災」是指「隨事而誅」之「傷」，而「異」是指「先發感動」之「怪」；「異」是先發示人之怪異現象，而「災」是事後懲罰之具體傷害，兩者無論是程度上或者是順序上，均與董仲舒所說相反。又《白虎通》論天譴告王者不稱「災異」，而稱「災變」。《白虎通》曰：

> 變者何謂也？變者，非常也。〈樂稽耀嘉〉曰：禹將受位，天意大變，迅風靡木，雷雨晝冥。（卷六〈災變〉，頁320）

董仲舒稱「不常之變」爲「異」，《白虎通》則釋「非常」爲「變」。「變」者特指朝代更替之前兆，《白虎通》稱此爲「變」，乃專對虞而言。故「災變」乃統攝「災」、「異」、「變」、「妖」、「孽」等各種狀況，可見《白虎通》以「災變」取代董仲舒之「災異」，兩者異名而同實。此外，董仲舒以爲災異作用，係因國家失道而起，暗示帝王見災異之起當有所警惕；《白虎通》則明指災變

〔註177〕《春秋繁露·必仁且智》卷八，頁236。
〔註178〕《漢書·董仲舒傳》卷五十六，頁2498。
〔註179〕《後漢書·鄭興傳》卷三十六，頁1222。

乃因人君失道，災變具有譴告人君之義。《白虎通》曰：

> 天所以有災變何？所以譴告人君，覺悟其行，欲令悔過，修德深思
> 慮也。〈援神契〉曰：行有點缺，氣逆干天，情感變出，以戒人也。
>
> （卷六〈災變〉，頁 318）

災變即因人君失道而起，人君當見災變之起，而知所覺悟，進而悔過修德、
深思慮，以應天所以降災變之意。因為人君行為有失天道，致使氣逆干天，
天意不順，便降災變，災變之意乃在戒人君之失也。天子行為有失天道，天
以災變譴告之，顯示天以災變傳遞訊息，災變便是天與人溝通之管道。

　　《白虎通》在論述人感應天意主要在兩方面：一，天命以「符命」保證
帝王政權之正當性；二，以「祥瑞」、「災異」分別寓帝王之德，以「祥瑞」
褒帝王之德，以「災異」貶帝王之失；因此，無論就人所感應之內容與感應
之對象，其實皆指向當政之人君帝王。雖然，能感應天意者非僅限於人君，
然而天以「符命」與「祥瑞災異」等媒介傳遞天命，其對象皆指涉國家之執
政者，「天子」乃「天」之「子」，實質作用乃是「天」委命於人世執行天意
之職務代理人，故所謂「天人感應」之「人」，其實指為人君之天子。故《白
虎通》之「天人感應」，顯然偏重於政治上之作用，且「特別著重在譴告君主
的災異」，〔註180〕天人感應參與者唯有「天」與在人世間為人君之「天子」，
而其關懷之主題，乃是有關國家政治與君王之「人事」。

　　相較於天降至於人之符瑞災異，人回應天命之舉措則明顯複雜許多。符
瑞是天子受命之象徵，天子即得符瑞，則必以「改制」以回應天命。所謂「改
制」者，《春秋繁露》曰：

> 《春秋》曰：「王正月。」《傳》曰：「……。」何以謂之王正月？曰：
>
> 王者必受命而後王，王者必改正朔，易服色，制禮樂，一統於天下，
> 所以明易姓非繼人，通以己受之於天也。〔註181〕

董仲舒以《公羊傳》之意，以為「《春秋》應天作新王之事」，〔註182〕受命之
王者一旦一統於天下之後，必改正朔、易服色、制禮樂，以示王者乃受命於
天。故所謂「改制」，係指王者受命之後，以改正朔、易服色、制禮樂等政治
上之改革為手段，表示天下統一於新王，新王改制一新天下耳目，以回應天

〔註180〕《先秦兩漢陰陽五行說的政治思想》，頁 228。
〔註181〕《春秋繁露‧三代改制質文》卷七，頁 174。
〔註182〕《春秋繁露‧三代改制質文》卷七，頁 175。

命，此即《春秋》所以強調「王正月」乃爲「明改制之義」也。〔註183〕因爲
天子受天命而王，若新王未改制，則與故朝無別，故新王必要以改制以明新
政，以彰顯政權之正當性。《春秋繁露》曰：

> 今所謂新王必改制者，非改其道，非變其理，受命於天，易姓更王，
> 非繼前王而王也，若一因前制，修故業，而無有所改，是與繼前王
> 而王者無以別。受命之君，天之所大顯也；……今天大顯已，物襲
> 所代，而率與同，則不顯不明，非天志，故必徙居處，更稱號，改
> 正朔，易服色者，無他焉，不敢不順天志，而明自顯也。〔註184〕

新王所受之天命，不同於政權和平轉移之「繼前王而王也」，新王若不改
制，因循前制，修故業，「是與繼前王而王者無以別」，無法凸顯新王非繼前王而
王，故改制乃爲回應天命之志。然而天道恆常不變，改制亦非改天道，所以
「徙居處，更稱號，改正朔，易服色」等措施，只是爲順應天志，彰顯天命
而已。如例：《史記》載始皇帝二十六年（B.C. 221）丞相御史建言「天下大
定，今名號不更，無以稱成功」，秦始皇旋即詔制以「易制」。〔註185〕至漢高
祖統一天下之初，「蔗事草創，襲秦正朔」，至武帝元封七年（B.C. 104）御史
大夫倪寬與博士賜等議曰：「帝王必改正朔，易服色，所以明受命於天也。」
〔註186〕至王莽以白石丹書「告安漢公莽爲皇帝」之符命篡漢，符命保證天命
之神聖性與必然性；即位之後便以改制以示天命之志。〔註187〕而劉秀亦以赤
伏符革王莽之命，復興漢家天下，而劉秀革王莽之命，乃是受天之命，得相

〔註183〕《春秋繁露·符瑞》曰：「有非力之所能致而自至者，西狩獲麟，受命之符是
也，然後託乎春秋正不正之間，而明改制之義，一統乎天子，而加憂於天下
之憂也，務除天下所患，而欲以上通五帝，下極三王，以通百王之道，而隨
天之終始，博得失之效，而考命象之爲，極理以盡情之宜，則天容遂矣。」
卷六，頁147～148。

〔註184〕《春秋繁露·楚莊王》卷一，頁11～12。

〔註185〕《史記·秦始皇本紀》：「始皇推終始五德之傳，以爲周得火德，秦代周德，
從所不勝。方今水德之始，改年始，朝賀皆自十月朔。衣服旄旌節旗皆上黑。
數以六爲紀，符、法冠皆六寸，而輿六尺，六尺爲步，乘六馬。更名河曰德
水，以爲水德之始。剛毅戾深，事皆決於法，刻削毋仁恩和義，然後合五德
之數。」卷六，頁237～238。

〔註186〕《漢書·律曆志一上》卷二十一上，頁974～975。

〔註187〕《漢書·王莽傳》曰：「其改正朔，易服色，變犧牲，殊徽幟，異器制。以十
二月朔癸酉爲建國元年正月之朔，以雞鳴爲時。服色配德上黃，犧牲應正用
白，使節之旄旛皆純黃，其署曰『新使五威節』，以承皇天上帝威命也。」頁
4095～4096。

應之符瑞，順高祖之德，即皇帝位。劉秀於建武元年六月即位為光武帝，亦不免「燔燎告天」改制一番，以示受命而為王。〔註188〕

《白虎通》言「改制」之義，曰：

> 所以有夏、殷、周號何？以為王者受命，必立天下之美號以表功自克，明易姓為子孫制也。夏、殷、周者，有天下之大號也。百王同天下，無以相別，改制，天子之大禮，號以自別于前，所以著己之功業也，必改號者，所以明天命已著，欲顯揚己于天下也。己復襲先王之號，與繼體守文之君無以異也。不顯不明，非天意也。故受命王者，必擇天下美號，表著己之功業，明當致施是也。所以預自表克于前也。（卷二〈號〉，頁68）

改制乃是天子之大禮也。王者既受命為天子，必立帝王之號，以為表功明德，號令群下，並為天下易姓之制，如三代雖同有天下，但仍以夏、殷、周之不同大號以別於前代。故改制之理，仍緣於易姓而王，自號別於前代，若無異於前代，則不顯不明天命，非天意受命之新王；故改制之意，所以彰顯自己之功業，明王者受命於天。

《白虎通》之改制，並非完全改變前一代所有建制，其改制原則亦是遵從董仲舒所謂「王者有改制之名，無易道之實」之理。《白虎通》稱：

> 王者受命而起，或有所不改者何也？王者有改道之文，無改道之實。如君南面，臣北面，皮弁素積聲味不可變，哀戚不可改，百王不易之道也。（卷八〈三正〉，頁432）

因了所有王者皆由天所受命，天命所受，恰如人之有皮弁素積之聲味與哀戚之心，皆是不變之天理，故所有王者之政權皆具有堅定不移其神聖性，所有政權之存在，皆是百王不易之天道。故凡是後王改制，只是改前王之名，非改前王之命，因前王所受亦是天命耳。此一立場，具有強化天子政權之作用。

〔註188〕《東觀漢記》卷一曰：「自帝即位，按圖讖，推五運，漢為火德；周蒼漢赤，木生火，赤代蒼；故帝都雒陽，制兆于城南七里，北郊四里，行夏之時。時以平旦服色犧牲尚黑，明火德之運，常服徽幟尚赤，四時隨色，季夏黃色。議者曰：『……圖讖著伊堯，赤帝之子，俱與后稷並受命而為王。宜令郊祀帝堯以配天，宗祀高祖以配上帝』」。《後漢書・光武帝紀》建武元年曰：「六月己未，即皇帝位。燔燎告天，禋於六宗，望於群神。其祝文曰：『皇天上帝，后土神祇，眷顧降命，屬秀黎元，為人父母，秀不敢當。……』於是建元為建武，大赦天下，改鄗為高邑。」卷一上，頁22；二年曰：「壬子，起高廟，建社稷於洛陽，立郊兆于城南，始正火德，色尚赤。」卷一上，頁27。

而《白虎通》言改制之義，只是原則性說明改制之理，其中並無針對當時提供改制之具體內容與施行細則；此一現象固然是章帝政權緣光武帝之後而有，其政權並無改制之需要，亦是受《白虎通》自身具「國憲」身分之成書性質所決定。

　　《白虎通》回應天之符瑞受命，亦以「改制」為首要工作，其目的便是鞏固天子地位於不墜。改制乃天子之大禮，而改制之內容，除上述之立王者之號以外，舉凡「改正朔、易服色」之制度，亦是彰顯天意、表著己功之宣示動作。《白虎通》曰：

> 王者改作，樂必得天應而後作何？重改制也。《春秋瑞應傳》曰：「敬
> 受瑞應而王，改正朔，易服色。」（卷八〈三正〉，頁427）

王者受命之後，必改作禮樂制度，乃是應天命之事。故引《春秋瑞應傳》之言，言王者受符瑞而為王，必改正朔、易服色以回饋天命。所謂「正朔」，係指確立正月為何。如董仲舒以「三統」說明朝代之更替，依黑建寅（夏以十三月為正月）、白建丑（殷以十二月為正月）、赤建子（周為十一月為正月）三統循環說明三代以來之歷史更替，〔註189〕每一統必有相應之正月，故「三統」又有「三正」之說。《白虎通》亦承襲董仲舒之說而有「三正」之說。《白虎通》曰：

> 十一月之時，陽氣始養根株，黃泉之下，萬物皆赤；赤者，盛陽之
> 氣也，故周為天正，色尚赤也。十二月之時，萬物始牙而白，白
> 者，陰氣，故殷為地正，色尚白也。十三月之時，萬物始達，孚甲
> 而出皆黑，人得加功，故夏為人正，色尚黑。（卷八〈三正〉，頁429
> ～430）

所謂「三正」，指周十一月為正月、為天正、色尚赤，殷以十二月為正月、

〔註189〕《春秋繁露‧三代改制質文》曰：「故湯受命而王，應天變夏，作殷號，時正白統，……文王受命而王，應天變殷，作周號，時正赤統，……武王受命，作宮邑於鄗，制爵五等，作象樂，繼文以奉天。周公輔成王，作宮邑於洛陽，成文武之制，作汋樂以奉天。……故春秋應天作新王之事，時正黑統，……然則其略說奈何？曰：三正以黑統初，正日月朔於營室，斗建寅，……正白統者，歷正日月朔于虛，斗建丑，……正赤統者，歷正日月朔于牽牛，斗建子，……改正之義，奉元而起，古之王者受命而王，改制稱號正月，服色定，然後郊告天地及群神，遠追祖禰，然後布天下，諸侯廟受，以告社稷宗廟山川，然後感應一其司，三統之變，近夷遐方無有生煞者，獨中國，然而三代改正，必以三統天下。」卷七，頁175～176。

為地正、色尚白，夏以十三月為正月、為人正、色尚黑。《白虎通》之三正說與董仲舒三統說同調。三正既是天道之循環，亦是政權交替之必然，而《白虎通》便是以「三正」說明受天命之王者乃受命各統一正之義。《白虎通》曰：

> 正朔有三何？本有三統，謂三微之月也，明王者當奉順而成之，故受命各統一正也，敬始重本也。（卷八〈三正〉，頁 428）

《白虎通》以為，歷代帝王之興亡，乃是由於天命有三統之流轉。受命之王者乃必有非人力所能致而自至者，其所受源自於天命，因此，受天命之王者，其政權之合法性亦源自於非人力所能抗拒，故王者只是「當奉順而成之」。《白虎通》曰：

> 王者受命必改朔何？明易姓，示不相襲也。明受之于天，不受之于人，所以變易民心，革其耳目，以助化也。故《大傳》曰：「王者始起，改正朔，易服色，殊徽號，異器械，別衣服」也。（卷八〈三正〉，頁 426）

王者既是奉天命而成之，天下易姓而王，所以必改正朔，表示當今天子乃受之於天，非受之於人。且改正朔可以變易民心，革新天下耳目，有助新政以化成天下；因此，改正朔乃是改制工程中首要之工作。

改正朔與易服色乃改制大禮中一體之兩面，易服色之原理，亦是配合「三正」天道之循環而來。若以十一月為正月，則色尚赤，若以十二月為正月，則色尚白，若以十三月為正月，則色尚黑；以夏、殷、周之歷史發展為例，則易服色之循環秩序為：黑、白、赤。

王者所以受天命，乃係天道三正流行，天命三統循環之結果，故王者始受命之時，當以改制封禪，明與前代不同，改制乃因應天命流行，而封禪則是回報天命，天下太平。因此，若謂改制乃出於實際政治之改革需求而有，其現實意義大於象徵意義，則封禪在政治上之象徵意義遠超過實質意義。

《白虎通》曰：

> 王者易姓而起，必升封泰山何？報告之義也。始受命之日，改制應天，天下太平，功成封禪，以告太平也。（卷六〈封禪〉，頁 329）

天人感應中之天子居於天與人之間，為天人之際溝通橋樑，天子受命於天，天子即位之時，必行改制與封禪之事，故改制應天與封禪告天成為天子最重

要、亦是最具象徵意義之政治活動。「封禪」典禮，雖然自秦始皇、西漢武帝、東漢光武帝實行以來，封禪之說仍未有一明確規則。長久以來，封禪所以未有明確規則，最主要原因乃是，封禪之行爲只用於新一代帝王興起之初，僅止天下太平之際，且其禮數皆封藏秘之，故「封禪不常，時人莫知」。〔註190〕如在漢武帝時，「及議欲放古巡狩封禪之事」，諸儒五十餘人苦於封禪禮儀用希曠絕，未能有所定，而公卿儒生對於封禪之禮，亦不甚了然；至武帝令諸儒草封禪儀數年之後始成，〔註191〕可見封禪之禮在當時幾成絕學。

王者易姓而起，所以升封泰山，乃是向天報告天下太平之義。《白虎通》曰：

> 太平乃封，知告於天，必也於岱宗何？明知易姓也。刻石紀號，知
> 自紀於百王也。（卷六〈封禪〉，頁333）

《白虎通》曰：「或曰封者，金泥銀繩，或曰石泥金繩，封之以印璽。……封者，廣也。」《御覽》引〈漢官儀〉曰：「封者，以金泥銀繩，印之以璽。」「封」乃是天子以印璽印於金泥銀繩或是石泥金繩，天子以此自封爲天子之記號，以知告於天。以刻石紀號見諸於秦始皇之世，〔註192〕西漢武帝亦有立石於泰山之顛，〔註193〕東漢光武帝建武三十二年（56）二月，遣侍御史與蘭臺令史上泰山刻石。〔註194〕「禪」者，《白虎通》曰：「言禪者，明以成功相傳也。」「禪」仍是指天子之位受於天命，繼前王之後而傳之。所謂「封禪」者，在

〔註190〕《史記・封禪書》曰：「自古受命帝王，曷嘗不封禪？蓋有無其應而用事者矣，未有睹符瑞見而不臻乎泰山者也。雖受命而功不至，至梁父矣而德不洽，洽矣而日有不暇給，是以即事用希。」卷二十八，頁1355。

〔註191〕《史記・孝武本紀》卷十二曰：「自得寶鼎，上與公卿諸生議封禪。封禪用希曠絕，莫知其儀禮，而群儒采封禪《尚書》、《周官》、《王制》之望祀射牛事。……上於是乃令諸儒習射牛，草封禪儀。數年，至且行。」頁473。

〔註192〕《史記・秦始皇本紀》卷六曰：「二十八年，始皇東行郡縣，上鄒嶧山。立石，與魯諸儒生議，刻石頌秦德，議封禪望祭山川之事。乃遂上泰山，立石，封，祠祀。……刻所立石，其辭曰：……」頁242～243。其事又見於〈封禪書〉卷二十八，曰：「即帝位三年，東巡郡縣，祠騶嶧山，頌秦功業。於是徵從齊魯之儒生博士七十人，至乎泰山下。……而遂除車道，上自泰山陽至顛，立石頌秦始皇帝德，明其得封也。從陰道下，禪於梁父。其禮頗采太祝之祀雍上帝所用，而封藏皆秘之，世不得而記也。」頁1366～1367。

〔註193〕《史記・孝武本紀》卷十二，元封元年（B.C.110）三月：「……於是以三百戶封太室奉祠，命曰崇高邑。東上泰山，山之草木之葉未生，乃令人上石立之泰山顛。上遂東巡海上，行禮祠八神」，頁474。

〔註194〕《後漢書・祭祀上》志第七，頁3165～3166。

象徵意義上，乃是帝王即位之日，登泰山受天封爵，以證明帝王得位實係於天所受命，故「未有睹符瑞見而不臻乎泰山者也」；而在實際儀式上，帝王登泰山自封爲天子，仍成爲一項天子即位時之重要儀式。因爲封禪之禮乃在宣揚政權之合天命，其象徵意義重於實質形式，而其作意不僅在政治思想上與天人感應相結合，並且傳達天下太平之訊息：凡興盛之世，必講究封禪之禮以答天命；西漢武帝如此，東漢章帝之時亦復如此。

《白虎通》曰：

> 所以必於泰山何？萬物之始，交代之處也。必於其上何？因高告高，順其類也，故升封者，增高也，下禪梁甫之基，廣厚也。……天以高爲尊，地以厚爲德，故增泰山之高以報天，附梁甫之基以報地，明天之命，功成事就，有益於天地，若高者加高，厚者加厚矣。（卷六〈封禪〉，頁 329～331）

封禪必於泰山，乃因泰山是萬物之始、交代之處，正因爲天子係受之於天命，故報告必於泰山。封增泰山之高，禪廣梁甫之厚，以明其受之於天，名義雖是在報天地之意，實際則是藉登泰山封禪之名，提升自身政權之神聖性，以及其與地位之尊貴。天子登泰山受封禪，乃是源自於天人感應思想下之產物。〔註195〕在天人感應運作中，受天所命之人，即成爲天在人間之「職務代理人」，凡天有所感，所能應天之意者便是「天子」，因此，天人感應之運作必須先確立「天子」地位，始可言天人感應；同時「天子」亦是人間與天相感應之代表，由「天子」代表天下之人與「天」進行對話。因此，「天子」身分具有雙重性格：對「天」而言，他代表人類全體；對「人」而言，他又是「天」之化身。故無論是天人感應，或者是機祥災異，總是天子與天之間之事，甚至天子之人選，乃是「命定」之事，與平凡百姓並無直接干係。因爲天子乃是受天命使然，故天子登泰山受天封禪儀式，乃意示上告於天，回應天命安排，宣示其天子身分之意味，由此形成一種政治活動。

《白虎通》論封禪之義之後續言符瑞之應，繼續重申天子政權之受於天命之一貫立場。

〔註195〕劉慧言：「我國歷史上特殊的祭祀禮儀──封禪，就是在泰山形成的大山崇拜的最高形式。它以功成受命爲核心，以天人感應爲特徵，構築起一代帝王將與之時的一種命定論模式。它以特定的形式和獨有的內容以致成爲歷代帝王統一天下，改制應天的重大政治活動，構成泰山崇拜的特殊形態。」《泰山宗教研究》（北京：北京文物出版社發行，1994 年 4 月），頁 58。

> 天下太平，符瑞所以來至者，以爲王者承天統理，調和陰陽，陰陽
> 和，萬物序，休氣充塞，故符瑞並臻，皆應德而至。德至天，則斗
> 極明，日月光，甘露降。德至地，……（卷六〈封禪〉，頁 325）

在《白虎通》中以符瑞之應說成是王者德至天地之間所產生之瑞應，正鮮明
記錄了符瑞之應在當時政治作用之轉型。符瑞本是天子受命之憑證，故在發
生順序上，應是先有符瑞之現，始有天子之實；但是《白虎通》將符瑞轉化
爲應天子之德而至，意即，符瑞僅是天志讚頌天子之德，雖亦有強化天子政
權之作用，但以符瑞證明革命合乎天命之原意，似已逐次消退，此乃受制於
《白虎通》之成書性質。

　　因爲天子受命於天，故天子登基之日，必行封禪之事以告知上天，同時，
此亦象徵著天子與天維繫著溝通之管道。自秦始皇從騶衍之學後，凡後世帝
王登基之日，登泰山行封禪之事便成爲一項傳統，封禪成爲帝王受命而王功
德天下之宣示。《白虎通》將所謂「封」與「禪」以及「封禪」之含義做更爲
明確說明，並且舉證三皇五帝封禪之事，對封禪形式及含義做系統性之闡述，
成爲後世闡述封禪之定本。〔註 196〕雖然《白虎通》在文本之中未有具體說明
封禪之過程，金春峰由此而質疑《白虎通》只是匯集不同觀點的學術說明和
解釋，不具有法典制度之作用；〔註 197〕然而封禪之禮，時至光武帝，欲封禪
猶歎「封禪不常，時人莫知」，欲以方士言作封禪器，群儒多言不合古禮，可
知封禪之禮至《白虎通》猶懸而未決；故若以此而質疑《白虎通》內容「並
不是關于制度的法典式的規定」，則言之過早。

　　相較於改制與封禪，《白虎通》在人回應天意之災變方面，似乎顯得鬆散

〔註 196〕《泰山宗教研究》言：「這部具有法典性質的著作，列《封禪》專篇，對封禪
　　　　的定義、禮制，進行了概括性的總結，成爲后世闡述封禪禮儀的藍本。分析
　　　　探討《白虎通》對封禪的闡述，除較爲完整地歸納概括了封禪的基本定義、
　　　　闡明了封禪必在泰山的原因外，還對"封"與"禪"的含義及儀式內容做了
　　　　較明確的說明。這是自有封禪說以來，對封禪形式及含義最爲系統性的闡述。」
　　　　頁 86。
〔註 197〕金春峰言：「《白虎通》全書一共匯集四十三條名詞解釋，……內容涉及社會、
　　　　禮儀、風俗、國家制度、倫理道德等各個方面。其中許多重要條目并不是關
　　　　于制度的法典式的規定，而是匯集不同觀點的學術說明和解釋。例如"封
　　　　禪"，在封建社會是最隆重的祭天大典，在《白虎通》中是重要條目，但《白
　　　　虎通》在"封禪"條中，僅對封禪的歷史和意義作理論的說明，對其儀式，
　　　　典禮等等，並無規定。」《漢代思想史》（北京：中國社會科學出版社，1997
　　　　年 12 月），頁 489。

與消極。天所以有災變，乃肇因於天子「行有點缺，氣逆干天」，天降災變之目的在譴告人君，使人君知所警戒，「覺悟其行，欲令悔過，修德深思慮」，故災變是傳遞天志之符號。災變所造成之結果不是天意目的，且災變形態多樣，如「堯遭洪水」、「湯遭大旱」，乃命運時然。《白虎通》雖然一再強調災變之作意，勉勵人君修德悔過，但是災變種類多樣，且「各隨其行，因其事也」，如何以災變要求君主修德悔過，甚至君主如何修德悔過以回應災變，凡此具體內容，在《白虎通》之中尚未有客觀化之制度。質言之，雖然災異在政治上具有制約君權之作用，〔註198〕漢儒之所以每以天象災異建言君王，無非是想以天之權威以制衡君主，然而，君主對於災異之認定，及其後續補救措施，幾乎完全取決於君主之主觀意願，除非君主自願下詔罪己，或者責免三公，否則漢儒試圖以災異制約君主之設計，只是徒具形式，而未具實質功能。

　　總而言之，《白虎通》之「陰陽五行」學說，提供一套解釋宇宙圖式之論述，並且以陰陽五行分析天地萬物之同質性與多元性，天地萬物之生滅變化，乃是五行運行所致，亦是陰陽兩氣之變化之結果，宇宙間一切現象及其變化，乃是陰陽五行作用之結果。《白虎通》之「天人感應」學說，乃是在陰陽五行理論基礎之上解釋天人之關係，天與人因陰陽五行而產生內在關聯性，透過陰陽五行之作用，天人始能感應彼此，而《白虎通》之「天人感應」偏重於政治上之作用，其關懷之議題，乃是有關國家政治與君王之一切「人事」。從綜合之觀點而言，《白虎通》論述「陰陽五行」之目的，乃為其「天人感應」之思維模式提供理論基礎，以「陰陽五行」做為「天人感應」之媒介，證成「天人感應」之可能性；而以「天人感應」展現「陰陽五行」之具體結果，說明「陰陽五行」對人事之重要性。故「陰陽五行」與「天人感應」雖分兩說，然其實彼此印證，互為因果，兩說合而為一，不分彼此。事實上，《白虎通》論述「陰陽五行」與「天人感應」兩說，目的不僅是在宣揚兩學說，而且是有意透過兩說以建立一套完整之思想體系，並以此思想體系做為建構禮制之理論基礎；換言之，「陰陽五行」與「天人感應」乃是《白虎通》之思想理論，而禮制則是思想理論之實踐。

〔註198〕皮錫瑞言：「當時儒者以為人主至尊，無所畏憚，借天象以示儆，庶使其君有失德者猶知恐懼修省。此《春秋》以元統天、以天統君之義，《易》神道設教之旨。漢儒藉此以匡正其主。其時人主方崇經術，重儒臣，故遇日食地震，必下詔罪己，或責免三公。雖未必能如周宣之遇災而懼，側身修行，尚有君臣交儆遺意。」《經學歷史》，頁104。